Anido Mirolo

L'élection présidentielle française

Anido Mirolo

L'élection présidentielle française

L'historique

Dictus Publishing

Impressum / Mentions légales

Bibliografische Information der Deutschen Nationalbibliothek: Die Deutsche Nationalbibliothek verzeichnet diese Publikation in der Deutschen Nationalbibliografie; detaillierte bibliografische Daten sind im Internet über http://dnb.d-nb.de abrufbar.
Alle in diesem Buch genannten Marken und Produktnamen unterliegen warenzeichen-, marken- oder patentrechtlichem Schutz bzw. sind Warenzeichen oder eingetragene Warenzeichen der jeweiligen Inhaber. Die Wiedergabe von Marken, Produktnamen, Gebrauchsnamen, Handelsnamen, Warenbezeichnungen u.s.w. in diesem Werk berechtigt auch ohne besondere Kennzeichnung nicht zu der Annahme, dass solche Namen im Sinne der Warenzeichen- und Markenschutzgesetzgebung als frei zu betrachten wären und daher von jedermann benutzt werden dürften.

Information bibliographique publiée par la Deutsche Nationalbibliothek: La Deutsche Nationalbibliothek inscrit cette publication à la Deutsche Nationalbibliografie; des données bibliographiques détaillées sont disponibles sur internet à l'adresse http://dnb.d-nb.de.
Toutes marques et noms de produits mentionnés dans ce livre demeurent sous la protection des marques, des marques déposées et des brevets, et sont des marques ou des marques déposées de leurs détenteurs respectifs. L'utilisation des marques, noms de produits, noms communs, noms commerciaux, descriptions de produits, etc, même sans qu'ils soient mentionnés de façon particulière dans ce livre ne signifie en aucune façon que ces noms peuvent être utilisés sans restriction à l'égard de la législation pour la protection des marques et des marques déposées et pourraient donc être utilisés par quiconque.

Coverbild / Photo de couverture: www.ingimage.com

Verlag / Editeur:
Dictus Publishing
ist ein Imprint der / est une marque déposée de
OmniScriptum GmbH & Co. KG
Heinrich-Böcking-Str. 6-8, 66121 Saarbrücken, Deutschland / Allemagne
Email: info@dictus-publishing.eu

Herstellung: siehe letzte Seite /
Impression: voir la dernière page
ISBN: 978-3-8473-8812-8

Dictus publishing

L'élection présidentielle française, l'historique

Par A.Mirolo

Le 17/01/25.

Aliquis non debet esse judex in propriea causa,
nul ne peut être juge de sa propre cause

PREFACE.

La vie politique française est loin d'un fleuve tranquille c'est un combat mené par des hommes de partis regroupés autour d'une idéologie d'intérêt. Elle est l'histoire qui fut façonnée dans le sang des français lors de la prise de la Bastille symbole de la puissance monarchique le 14 juillet 1789. Mais avant, les Etats généraux (1) des députés des trois ordres, noblesse, clergé, et le tiers état (2) c'est-à-dire les députés de la bourgeoisie convoqués par le roi, qui émanaient de tous les milieux civils formèrent un courant politique qui s'étendit dans tout le pays. Ce fut la naissance d'une démocratie. Lors de la séance du 5 mai 1789 présidée par le roi, pour résoudre la crise financière due aux dettes de l'Etat, des dissensions éclatèrent sur la manière de voter. Le clergé et la noblesse souhaitèrent que le vote ait lieu par ordre, ce qui leur assurait la majorité, tandis que le tiers état réclama le vote par tête, ce qui lui assurerait l'égalité et que les débats aient lieu en commun. Devant cet acte révolutionnaire Louis XVI fit fermer la salle.

Le 20 juin 1789, les députés dans la salle dite du «Serment du Jeu de Paume» à Versailles promirent de ne pas se séparer avant d'avoir rédigé une Constitution pour le pays. Ils siégèrent ainsi jusqu'au 03 septembre et exercèrent le pouvoir législatif. C'est alors, que lors de la séance royale du 23 juin 1789, le roi ordonna la dispersion de l'Assemblée. Le Grand maître de cérémonie porta l'ordre au doyen du tiers état, et Mirabeau (3) prenant la parole, et contestant sa légitimité aurait alors déclaré, «*vous que l'on vous a chargé de nous sortir d'ici, vous devez demander la force car nous ne sortiront que par la force des baïonnettes !*».

Cette phrase tous les jeunes français à l'école en cours d'histoire l'on apprise. Elle montra la volonté, contre le roi, de l'expression démocratique du Tiers état. C'est ainsi que naquis une Assemblé nationale constituante dont l'issue sera l'abolition de la féodalité le 04 août 1789, la Déclaration des Droits de l'homme et du citoyen le 26 août 1789 (4) et les grands principes de la Constitution fin 1791. Une avancée sociétale considérable pour l'époque.

L'Assemblée constituante était indépendante et avait tous les pouvoirs, ce qui donna naissance à la République après l'abolition de la monarchie.

La société française est imprégnée de ces combats et de la laïcité, qui s'en suivit, et qui sépare l'église et de l'Etat. La laïcité libère la conscience individuelle, libère la parole, et permet à chacun de s'exprimer sans contrainte religieuse. Condorcet (5) fut le premier dans son discours sur l'instruction civique à évoquer la laïcité lors d'un projet de décret qu'il présenta à l'Assemblée constituante en avril 1792.

La Marseillaise (6) chant patriotique et révolutionnaire national français adopté le 14 juillet 1795, ne dit-elle pas dans son refrain, «*Aux armes citoyens formez vos bataillons marchons, marchons qu'un sang impur abreuve nos sillons*».

Toute la culture politique des Français tient à ce passé, et rien détonnant que les partis politiques luttent pour le pouvoir. Ils sont le fait de femmes et d'hommes qui en font leur métier, des journalistes, et des historiens, mais aussi de simples Français qui s'expriment à chaque consultation électorale, et qui, de ce fait, montrent leur obédience politique. Elle envahit toute la société, on ne peut y échapper si l'on veut vivre avec son pays.

Si, les places historiques de la République, de la Nation, de la Bastille, de la Concorde, de l'Arc de Triomphe avec l'Avenue des Champs Elysées pouvaient parler, elles raconteraient les phases qui marquèrent et marquent encore histoire politique des Français. Les grands axes de la capitale sont le théâtre de grandes manifestations, la politique française s'exprime aussi dans la rue.

La politique est partout, gère tout, et va jusqu'à fixer le prix de la baguette de pain. C'est dire son importance aux yeux de français. Les Français attendent tout des responsables politiques c'est ce qui fait que la France est un pays à part. Ses conditions sociales mêlant le libéralisme des nantis et l'assistance des pauvres créent des conflits qui séparent la France en deux camps. Le camp des riches c'est-à-dire la droite, et celui des pauvres c'est-à-dire la gauche pour faire simple, c'est l'objet d'une confrontation permanente qui rend la gouvernance de la France remise en cause de façon permanente par les Français.

Le président qui vient d'être élu, n'a que quelques mois pour être soutenu, après c'est sa chute par ceux là même qui l'on élu. C'est la contrainte du partage en deux obédiences imposées par l'élection présidentielle qui fait que les Français se doivent de faire un choix entre deux options, laissant de coté leur opinion politique. Ne pouvant l'exprimer au moment du vote, ils l'expriment après, la France devient ainsi difficilement gouvernable, tout le contraire de ce que l'élection présidentielle, au suffrage universel des Français, voulait faire.

Le pouvoir politique français vote les Institutions qui dictent par leurs règles ce qu'il est admis ou pas. La société française est indivisible, et est régie par des lois que les politiques au cours du temps votèrent, mais qu'ils pouvaient modifier, ou défaire en fonction des parlementaires députés et sénateurs élus. La structure de l'Etat est constituée par ce que l'on appelle l'Exécutif c'est-à-dire le président de la République et ses ministres qui proposent des projets de lois et par les parlementaires regroupés en deux chambres, l'Assemblé nationale et le Sénat qui les discutent, les amendent et les votent.

A coté de cette structure de gouvernance, le Conseil Constitutionnel composé de juristes, d'anciens présidents de la République et des personnalités de premier plan est chargé du respect des lois votées devant les textes constitutionnels et peut en annuler tout ou partie pour non respect à la Constitution dans leur forme ou dans leur esprit.

L'importance des journalistes de presse et des médias télévisuels ont un contre pouvoir bien plus fort que celui des politiques par l'importance prise par les réseaux sociaux, dus à la couverture mondiale de la toile de l'internet, capables de mobiliser des foules. Le récent parti politique Cinq étoiles du comique Beppe Grillo, qui en Italie, bouscula le jeu politique, mais aussi les révolutions musulmanes, en sont la preuve. Quant aux historiens, ils ont le pouvoir d'apporter une culture par leur analyse des faits passés dont les politiques ne pourraient se passer.

Ce livre de papier est une nature morte qui prétend évoquer un fait politique majeur et vivant de la République française. C'est pour cela que j'ai donné, dans les annexes, les éléments qui permettent aux lecteurs de compléter leur information par les articles que j'ai publiés dans mon blog mais aussi par les adresses internet des faits et de quelques personnages qui sont évoqués dans ce livre qui est l'objet d'une diffusion mondiale. Cette logistique, outre d'être complémentaire au sujet principal, a pour but de conférer au livre un aspect vivant.

Ce livre ne peut traduire dans la réalité ce que les Français ressentirent lorsque le Général de Gaulle fut appelé par le président René Coty pour résoudre le conflit algérien qui minait la France mettant en danger la République, la quatrième République des partis était à bout de souffle.

L'élection présidentielle du président de la République fut le second acte majeur du Général de Gaulle après qu'il fit adopter par référendum la cinquième République à une large majorité, elle fut un plébiscite. Pour l'élection du président au suffrage direct des Français, il rencontra une forte opposition qui le mit, à l'étonnement général de la droite, en ballotage face à la gauche représentée par François Mitterrand. Au second tout, il l'emporta avec plus de 54 % des suffrages exprimés. L'élection du président de la République au suffrage direct des Français était née.

(1) Etats généraux de 1789 furent convoqués par le roi Louis XVI le 08 août 1788, http://fr.wikipedia.org/wiki/%C3%89tats_g%C3%A9n%C3%A9raux_de_1789

(2) Le Tiers État défendait les intérêts fiscaux des villes et de la bourgeoisie tandis que ceux de la noblesse défendaient ceux des populations rurales et de leurs circonscriptions. http://fr.wikipedia.org/wiki/Tiers_%C3%A9tat

(3) Mirabeau, Honoré-Gabriel Riquetti Comte de Mirabeau fut un écrivain, diplomate, journaliste, homme politique et franc-maçon. http://fr.wikipedia.org/wiki/Honor%C3%A9-Gabriel_Riqueti_de_Mirabeau

4

(4) la Déclaration des Droits de l'homme et du citoyen, http://fr.wikipedia.org/wiki/D%C3%A9claration_des_droits_de_l%27homme_et_du_citoyen_de_1789.

(5) Condorcet philosophe et mathématicien http://laiq.blog.free.fr/public/doc/Laicite/condorcet-laicite.pdf .

(6) La Marseillaise fut écrite en partie par Rouget de Lisle en 1792 pour l'armée du Rhin à Strasbourg, http://fr.wikipedia.org/wiki/La_Marseillaise

Avant propos,

Avant d'ouvrir un blog au Monde.fr, j'ai longtemps hésité. Il faut écrire pour un sujet, un thème et là, ce n'est pas évident car il doit retenir de l'intérêt et pouvoir être alimenté en permanence, le choix est délicat, le succès du blog en dépend. Je me suis donc orienté vers la politique qui offre une activité continue, mais est aussi fortement concurrencée. Tant de monde écrit que l'on se sent petit, un sans nom, c'est-à-dire un inconnu si l'on n'a pas d'ami ou un groupe, un parti qui vous supportent. De plus, il faut bien choisir son support si l'on veut une chance d'être lu. Mais aussi écrire avec lisibilité sans trop de fautes d'orthographe et de grammaire pour ne pas être ridicule. Il faut aussi montrer son sérieux et être patient, persévérant, malgré les découragements qui vous envahissent de constater que l'on reste un lambda c'est-à-dire comme tous les autres. Par ce que écrire pour rester comme les autres en passant des heures devant son ordinateur pour ne récolter que du vide est décourageant, et l'on se dit ne lâche pas tu arriveras bien à quelque chose. La reconnaissance de la masse est une chose qui vous échappe, vous n'avez pas de moyen pour lui faire reconnaître que ce que vous écrivez est intéressant. En d'autres termes, c'est vouloir résoudre une équation dont vous ne connaissez même pas toutes les inconnues. Le verdict est souvent impitoyable vous tenez quelques années et puis vous lâchez prise.

C'est pour tout cela, que je suis reconnaissant à Dictus publishing que je remercier de m'avoir offert d'écrire un ou plusieurs livres à partir de mon blog. Nous allons engager une collaboration qui j'espère sera fructifiant pour nous deux

Avouez la satisfaction que j'ai ressentie, lorsque que j'ai reçu son message, je n'y croyais pas, et pour la petite histoire il faut savoir que je ne voulais pas d'ordinateur !

C'était en 2006 au début de l'année, je considérais que l'utilisation d'un ordinateur était réservée à un usage domestique de peu d'intérêt par ce que c'était en fait le logiciel qui faisait tout, et qu'il suffisait de bien connaître sa programmation. Il faut aussi savoir que ma carrière industrielle commença lorsque j'avais 16 ans en 1945 après un CAP d'ajusteur dans la mécanique de précision des outillages de presse pour découpe et des moules métalliques pour carburateurs, avant mes études au CNAM. L'ordinateur à cette époque on n'en parlait pas. Cette activité faisait appel à de hautes valeurs professionnelles tant manuelles qu'intellectuelles et l'on avait que sa plume pour écrire.

Après mes études supérieures et mon diplôme d'ingénieur, j'ai étudié dans mes diverses entreprises des projets de haute technologie pour lesquelles mes connaissances mathématiques, physiques, mécaniques et thermodynamiques dans la mécanique des fluides des moteurs à combustion interne, furent appliquées, et je n'avais pas besoin d'ordinateur pour écrire et pour calculer, calculant tout avec ma règle à calcul et mon calculateur de poche ensuite.

Ces études supérieures, à partir de 29 ans, me permirent, outre l'obtention du diplôme d'ingénieur en 1965 à 36 ans dans la spécialité des moteurs à combustion interne, de faire un mémoire d'étude théorique de la pulvérisation pneumatique, de la combustion des goutes et des brouillards en vue du dimensionnement d'un foyer de moteur fusée en 1965. C'est dans une entreprise d'étude de la propulsion par réaction que j'ai travaillé pendant près de sept années au sein d'une équipe d'ingénieurs de haut niveau, que j'ai réussi ce travail, ce qui nous permit de faire les premières études en Europe de la combustion d'oxygène et hydrogène liquides en vue de l'application au moteur du troisième étage de la fusée Ariane, c'était dans les années de 1960 à 1967, dans un programme national Français.

Je fus le premier ingénieur à étudier la première chambre de combustion de 100 kg de poussée à oxygène et hydrogène gazeux pour l'étude de l'allumage et de la combustion, puis ce fut l'étude de la turbine à gaz et de son générateur pour ce moteur du troisième étage, c'était en 1963.

Ensuite, j'ai exercé comme responsable de bureaux d'études puis Directeur technique dans des moyennes et petites entreprises ou j'eus la chance d'utiliser mes aptitudes d'analyse en mathématique et physique pour réaliser de grands projets, allant des micros automatismes à la mécanique de haute précision, à une grande antenne de poursuite satellitaire, à la robotique et à des machines et outillages spéciaux pour l'armement, je ne voyais pas la nécessité d'un ordinateur de bureau

Pendant ce temps l'ordinateur s'est considérablement développé, et je faisais toujours des études théoriques à la main c'est-à-dire comme avant, lorsque dans ma soixante seizième année, en retraite depuis 16 années, l'un de mes fils m'apporta un ordinateur portable d'occasion Fujitsu, en anglais bien sûr, et me fit comprendre, qu'à mon âge, c'est très bien d'écrire et de calculer mais l'ordinateur apporte des facilités et permet de rester jeune.

Je me suis donc mis à pianoter ce qui ne fut pas aisé ne connaissant rien du logiciel. Pendant quelque temps, avec ce vieil ordinateur j'apprenais lorsque mon second fils médecin praticien hospitalier me dit papa, je vais te monter un ordinateur de bureau. Il connaissait l'informatique pour avoir participé à informatiser l'hôpital dans lequel il exerçait. C'est comme cela que je me suis lancé dans des écritures pensant que ma culture industrielle et mes capacités d'analyse pouvaient servir aux autres.

J'eus beaucoup de chance de faire ce parcours professionnel de toucher des domaines qui permirent de cultiver mes connaissances, de m'enrichir avec la santé pour ces études en cours du soir.

Je n'ai pas de suite ouvert un blog, j'ai commencé par des commentaires d'articles de presse écrite, et vers la fin de l'année 2006, je me suis lancé dans l'aventure d'un blog.

C'est au Monde.fr que je me suis inscrit, et je dois dire que j'en ai bavé ne connaissant rien du logiciel Wordpress, le langage informatique des journalistes, je n'avais pas choisi la facilité. Après une mise en route laborieuse avec des conseils, on ne connait pas tout, j'ai pu écrire ce qui me paraissait important pour faire de la politique sans adhésion à un quelconque groupe ou parti, seulement pour être un acteur de la vie politique française dans un moment ou survenait l'élection présidentielle en 2007.

Ce fut le thème de l'élection présidentielle française, l'historique.

Pourquoi l'élection du président de la république française au suffrage universel fut très importante ?

Il faut connaître les années d'après la seconde guerre mondiale et l'occupation Allemande. En 1944 après la libération de Paris et la victoire des alliées contre le Reich allemand, période que j'ai vécue adolescent, le régime politique des partis reprit dans une conjoncture favorable, il fallait tout reconstruire, on travaillait plus de 50 heures par semaine. La France comme tous les pays avait souffert et il n'y avait pas de chômeurs. Ce fut la période que l'on appelle les trente glorieuses entre 1945 et 1973.

Pendant cette période les attentats tant en France qu'en Algérie pour son indépendance mirent à mal la politique française entre partisans de l'indépendance plutôt de gauche et les Colons soutenus pas la droite française partisane du maintien de l'Algérie dans la France, voir le massacre du 17 octobre 1961 ou l'histoire d'un massacre à Paris, annexe 1

Ce fut une guerre qui déchira les Français au point que les partis politiques étaient incapables d'assurer une stabilité gouvernementale, les gouvernements se défaisaient les uns après les autres, ce qui sonna la fin de la quatrième République.
Le président de l'époque Monsieur René Coty fut sollicité par la droite française, pour qu'il fasse appel le 29 mai 1958 au plus illustre des Français, le général de Gaulle.

Ce fut le début de la cinquième République. C'est cette phase que je décris au travers des figures politiques qui furent les acteurs de ce bouleversement de nos institutions républicaines.
Le général de Gaulle contrairement à ce qu'il promit et à l'espoir des Colons d'Algérie et de la droite française fit l'indépendance de l'Algérie, mais c'est une autre histoire.

La Constitution française de 1958 qui fut modifiée le 06 novembre 1962 permet d'élire le président de la République au suffrage universel direct et de lui donner des pouvoirs exceptionnels, outre la maîtrise de la riposte nucléaire en cas d'attaque contre notre pays, il est le chef des armées, et en tant que tel, il peut engager la France dans une guerre par simple déclaration au Parlement, ce que firent, avant François Hollande, Nicolas Sarkozy, Jacques Chirac, et François Mitterrand. Avec ses pouvoirs, il est garant des institutions, désigne le premier ministre, nomme les ministres sur proposition du premier ministre, guide la politique nationale, peut dissoudre l'Assemblée nationale et refaire des élections législatives. Il est le seul maître et responsable de la conduite du pays pendant sa mandature de cinq années à partir du 02 octobre 2000, elle fut de sept années à la Constitution de la cinquième république modifiée le 06 novembre 1962.

La Constitution fut reprise 24 fois pour s'adapter à l'évolution politique et aux mœurs des Français ainsi qu'à l'évolution scientifique et technologique que le monde subit.

Parmi les plus importantes, on peut citer le Traité de Maastricht le 25 juin 1962, la révision en vue de la ratification du Traité de Lisbonne le 04 février 2008, et celle du 23 juillet 2008 conditionnant l'impossibilité au président de la République de n'exercer plus de deux mandats successifs.

Cette Constitution eut pout but de partager la France en deux blocs droite et gauche obligeant les politiques à faire des alliances parfois contre nature pour constituer une majorité en vue de gagner l'élection présidentielle puis ensuite les élections législatives dans la dynamique de la présidentielle. C'est cette logistique qui fait encore la stabilité gouvernementale française, mais très injuste par ce que les partis non majoritaires ne sont pas représentés au Parlement. Le Parlement n'est pas l'image politique du peuple français. Mais c'est une autre histoire.

1- Préambule.

L'élection du présidentielle au suffrage universel en 2007 m'a interpelé, elle pouvait changer la politique française par la possibilité qu'une femme politique devienne présidente de la république, mais plus que ça, ce sont les évènements qui ont conduit à la 5ème République Française. Ce fut un bouleversement majeur cette élection du président de la république au suffrage direct des français. Cela instaurait un régime présidentiel semblable à celui des États-Unis, sans qu'il soit avec les mêmes dispositions. Démarrant ce blog tous sujets, mais à forte dominance politique, avec ce thème et sans archives, j'ai consulté différents sites ainsi que le moteur de recherche Google, pour compléter ma réflexion, puis, j'ai, en fonction de mon expérience analysé que, sur la période de fin 1958 à l'avènement de la 5ème République, consécutive à l'impuissance de la quatrième République due au désordre politique de la guerre d'Algérie, elle pouvait être matérialisée par les hommes politiques qui l'ont marquée   de   leur   empreinte.

Dans l'ordre ces hommes sont :

Monsieur René Coty le dernier président de la 4ème république.

Pierre Mendès-France un homme politique brillant qui est à l'origine du Mendésisme.

Guy Mollet secrétaire général de la SFIO président du conseil et ministre d'État.

Le général de Gaulle le plus illustre de tous les Français.

François Mitterrand grand homme politique par sa longue carrière haït par la droite mais respecté pour sa valeur et sa culture.

Cette présentation ne prétend pas faire l'exégèse des faits des hommes politiques présentés, elle a simplement le désir de permettre au lecteur de se remémorer ou de connaître cette partie de nôtre histoire, et en avoir une connaissance qui peut lui être utile   à   son   analyse   politique.

Elle est bien entendu incomplète et imparfaite mais c'est ce que j'ai retenu.

2- Monsieur René Coty,

René Coty, homme d'État français en 1924.

Monsieur René Coty était un laïque démocrate dans la ligne de Gambetta président du Conseil et ministre, Jules Ferry promoteur de l'école gratuite et obligatoire et Waldeck-Rousseau président du Conseil, tous des républicains de la IIIème République. C'est ce qu'on appelle des modérés. Le président René Coty succéda au président Vincent Auriol à la présidence de la République le 23 décembre 1953 et à 71 ans et devint le second président de la 4ème République au terme d'un scrutin marathon, eu égard au marchandage entre les partis. Il fallu 13 tours pour départager les votants des deux Assemblées réunies. Président sans pouvoir, il nommait le Président du Conseil désigné par l'investiture des députés sur un programme de partis. Il représentait la France à l'étranger et lors des cérémonies officielles. Sa fonction fut surtout honorifique mais il fut le garant de la Constitution. Élu pour 7 ans, son septennat fût marqué par une forte instabilité ministérielle avec 6 Cabinets successifs dus principalement à la crise Algérienne et à la guerre avec le FLN. C'était le régime des alliances de partis qui rendait une France ingouvernable dont la crise de régime culmina le 13 mai 1958.

Devant la gravité des évènements, il décida sous la pression politique d'appeler le général de Gaulle pour former un gouvernement de salut public. En décembre 1958 il renonça à se présenter à la magistrature suprême pour laisser place au plus illustre des Français, comme il aimait appeler le général de Gaulle.

Son mandat fut marqué par l'arrivée à la présidence du Conseil des ministres comme Pierre Mendès-France, à la fin de la guerre d'Indochine, et au début de la guerre d'Algérie, Guy Mollet avec le retour du général de Gaulle au pouvoir, qui entraîna la Vème   République.

Le 08 janvier il transmit le témoin au général de Gaulle qu'il accueillit sur le perron de l'Élysée.

Monsieur René Coty choisit de renoncer à son mandat de député pour siéger au Sénat. Après 1945 il fut député de l'Assemblée Nationale Constituante.

Originaire du Havre, inscrit au groupe des républicains du bloc des gauches, il obtînt son premier mandat parlementaire en 1923 succédant à son modèle Jules Siegfried, (8) annexe 2, il prit ses distances avec le parti radical, et rejoignit l'Union républicaine. Dès lors, il s'investit dans son travail parlementaire, et devint membre de plusieurs commissions, dont celle de la Marine marchande, il intervint sur des questions touchant au commerce et à l'industrie. En 1936, il fut élu sénateur de la Seine inférieure, et devint membre de la commission des finances.

Le 10 juillet 1940, le sénateur René Coty vota les pleins pouvoirs au maréchal Pétain, et décida de se tenir à l'écart de la vie publique. En 1943, cependant, il travailla avec un petit groupe de sénateurs à Paris en faveur de la libération. De 1944 à 1945, il fut déclaré inéligible, du fait de son vote en faveur du maréchal, en juillet 1940, mais, compte tenu de ses activités pour la libération, il fut réhabilité le 11 octobre 1945 par un jury d'honneur. Monsieur René Coty fut très populaire aux yeux des Français pour sa finesse et sa dignité.

À la fin de sa vie, il devint membre de droit du Conseil constitutionnel, et fut élu à l'Académie des sciences morales et politiques. Il occupa alors le fauteuil IV de la Section III, Législation, droit public et jurisprudence.

René Coty mourut au Havre le 22 novembre 1962, victime d'une crise cardiaque. Le général de Gaulle prononça son éloge lors des obsèques nationales célébrées au

Havre le 27 novembre suivant. Pour caractériser la personnalité de René Coty, il cita Jean de la Bruyère, (9) annexe 2 «*La modestie est au mérite ce que les ombres sont aux figures dans un tableau, elle lui donne force et relief*».

2.1– Les grandes dates de René Coty

Portrait officiel de René Coty Président de la République française (1954-1958)
© Présidence de la République, diffuseur La Documentation française

1882/1962

Ces   principaux   mandats.

1923 en juin Premier mandat parlementaire.

23 décembre 1930 sous secrétaire d'État à l'intérieur.

1935 élu Sénateur.

1945 député de l'Assemblée Nationale Constituante.

21 octobre 1945 réélu député aux des Assemblées constituantes, membre du parti des républicains.

1946 élu au Conseil de la République.

1947 ministre de la reconstruction et de l'urbanisme.

1948 réélu sénateur

1953 second Président de la République le 23 décembre.

le 08 janvier il accueille son successeur le général de Gaulle

1958 il renonce à l'investiture suprême.

3- Pierre Mendès-France.

L'amour de la démocratie est toujours un état d'esprit.

Pierre Mendès-France fut une grande figure de la quatrième République, il est encore présent à l'esprit de beaucoup de Français, cité comme référence pour son intégrité. Radical-socialiste il participa au Front populaire de 1938 sous l'égide de Léon Blum, (10) annexe 2, puis de 1944 à 1945, dans la mouvance du général de Gaulle. Pendant la Seconde Guerre mondiale, il entra dans la Résistance, rejoignant les Forces aériennes françaises libres.

Dès son jeune âge, il se tourna vers le militantisme. Il fut l'un des membres fondateurs en 1924 de la Ligue d'action universitaire républicaine et socialiste, Laurs, (11) annexe 2, un mouvement étudiant d'opposition à l'extrême droite, très actif dans le Quartier latin. Il participa aux affrontements qui opposèrent l'Action française et les Jeunes patriotes à la Laurs, qu'il présida en 1928. Il apparut alors comme un espoir du parti radical auquel il s'inscrivit à l'âge de seize ans et milita à la ligue d'Action républicaine et socialiste. En 1930 il publia un ouvrage «la banque internationale» (12) annexe 2, Contribution du problème des États-Unis d'Europe qui le fit reconnaître comme économiste, et prôna à la libération une politique de rigueur monétaire afin de rétablir les équilibres économiques mis à mal par des années de guerre et de crise économique.

Il apparut alors aux cotés des «jeunes Turcs» (13) annexe 2, comme Pierre Cot, (14) annexe 2, Jean Zay (15) annexe 2, qui demandaient un ancrage plus à gauche contestant l'orientation prise par l'emblématique Édouard Herriot (16) annexe 2.

En 1932, il fut élu député de l'Eure et le plus jeune de France. Il devint maire de Louviers en 1935. Réélu député en 1936 il vota contre la participation de la France aux jeux olympiques de Berlin, il soutint le front populaire et fut en désaccord sur la politique monétaire et la non-intervention dans la guerre d'Espagne.

Pendant la seconde guerre mondiale, député, il fut mobilisé comme officier ou il devint observateur aérien. Au moment de l'avancée Allemande qui obligea le gouvernement à se réfugier à Bordeaux, il fut de ceux qui voulurent poursuivre la guerre à partir de l'Afrique du Nord, et il s'embarqua à bord du Massilia (17) annexe 2, avec un certain nombre de députés et d'hommes politiques. Il fut arrêté le 31 août 1940 au Maroc sur l'ordre du résident général Charles Noguès et accusé, avec trois autres officiers, de désertion.

Incarcéré par le régime de 1940 à 1944, puis transféré à l'hôpital militaire pour insuffisance hépatique, il s'en échappa le 21 juin 1941 après avoir écrit une lettre au maréchal Pétain. Il se cacha pendant plusieurs mois avant de parvenir à rejoindre les Forces aériennes françaises libres à Londres d'où, il participa aux combats. Le 3 octobre 1943, il fut promu capitaine des aviateurs du Groupe Lorraine. Il fut nommé par le général de Gaulle en 1943, commissaire aux finances, dans le Comité français de la Libération nationale d'Alger. Opposé à la politique de facilité de René Pleven sur l'économie Française, et choisie par le Général de Gaulle, il démissionna partisan d'une politique de rigueur. Il représenta la France à la conférence de Bretton Woods avant de devenir ministre de l'Économie nationale du Gouvernement provisoire de la République française, à partir du 4 septembre 1944.

Éloigné de la politique, il retrouva son siège de député au début des années 50. Cette situation lui permit d'intervenir pour terminer la guerre d'Indochine. Il fut investi dans la nuit du 17 au 18 juin 1954 à la Présidence du Conseil, et prit en charge le ministère des Affaires étrangères. Son action passa par un contrat avec la Nation pour son objectif la décolonisation. C'était au moment de la guerre d'Indochine après la Bataille de Dien Bien Phu, (18) annexe 2, pour faire la paix en Indochine. Il ne dirigea le Gouvernement que pendant sept mois et demi, et son passage aux affaires fut l'un des temps forts de l'histoire institutionnelle de la IVème République.

Il inaugura une forme de dialogue avec les Français, ceux de mon âge doivent s'en souvenir. Il nous parlait simplement tous les samedis en intervenant à la radio. Il signa les accords de Genève mettant fin à la guerre d'Indochine en juillet 1954 et dans la foulée il proclama l'autonomie de la Tunisie.

Mais c'est sur la guerre d'Algérie que son attitude fut différente, l'Algérie c'est la France.

Le 9 novembre 1954, à l'Assemblée nationale, Pierre Mendès-France et son ministre François Mitterrand furent félicités pour leur riposte ferme à l'agitation algérienne.

> «On ne transige pas quand il s'agit de défendre la paix intérieure de la nation, l'unité et l'intégrité de la République. Primo il faut s'assurer que les mouvements de troupes ont été exécutés, secundo il faut au moins tripler les effectifs des troupes et des CRS envoyés en Algérie. Il faut se souvenir que l'effort massif que nous avons fait pour la Tunisie et des réticences rencontrées auprès des militaires. Il faut agir sur eux de la manière la plus énergique pour qu'ils ne perdent pas un instant».

Le 12 novembre, Pierre Mendès-France rectifia sa position en donnant des indications sur la nécessité d'une «coopération généreuse que la métropole doit créer pour une vie meilleure en Algérie, amélioration des terres incultes etc....», ce qui eut pour effet de lui mettre à dos les Colons et les défenseurs des droits des algériens qui dénonçaient les exactions de policiers tortionnaires. C'est dans un climat d'affrontement venu des deux pôles de l'opinion, que s'ouvrit le 2 février, le grand débat à propos du Maghreb. Son gouvernement fut renversé le 5 février 1955 sur cette question de l'application du statut de l'Algérie.

Il laissa une trace indélébile par le mythe du Mendésisme qui fut une forme de pensée à la fois généreuse et rigoureuse, et fut la référence idéologique de nombreux Français de tous bords politiques. Pierre Mendès-France fut cité maintes fois pour l'incarnation de l'action politique avec humilité, transparence, clarté, et de vérité. Si, l'on veut réformer la société il faut lui dire la vérité et Mendès-France la dite, ce que d'aucuns redoutaient pensant que la France épuisée physiquement était incapable de supporter la vérité. Il fût la bête noire de l'extrême droite et hait par les bouilleurs de crus

Aujourd'hui encore Pierre Mendès-France est évoqué comme une référence politique.

3.1- Les grandes dates de Pierre Mendès-France.

Pierre Mendès-France en 1932.

1907/1982.

En 1935 il est élu maire de Louviers

En 1944, Ministre de l'Économie nationale du Gouvernement Provisoire, il préconise des mesures drastiques, qui l'opposent à la politique plus facile prônée par René Pleven.

1945, Président du Conseil général de l'Eure.

1946, gouverneur pour la France du Fonds Monétaire International, jusqu'en 1959

1948, il est élu Président des gouverneurs du F.M.I.

1952, il est nommé Président de la commission des comptes de la Nation

1954, Président du Conseil pendant sept mois et dix-sept jours. Il règle le problème urgent de l'Indochine, puis tour à tour les problèmes tunisien, sarrois et des comptoirs français de l'Inde. La CED est repoussée et la nouvelle politique européenne est mise en place.

1954, il signe les accords de Genève sur la guerre d'Indochine, mettant fin au conflit après la défaite de Diem Ben Phu.

1956, Ministre d'État du gouvernement Guy Mollet, il en démissionne à cause de la politique menée en Algérie

1957, il démissionne de la direction du Parti radical.

4- Guy Mollet,

Secrétaire général du parti socialiste, SFIO, de 1946 à 1969.

Si on parlait de socialisme, Guy Mollet, Pierre Mauroy annexe 1, furent des vrais socialistes issus de cette terre ouvrière du Nord de la France, Martine Aubry annexe 1, l'incarne encore comme haut dirigeant. Marie-Noëlle Lienemann, (20) annexe 2, Henri Emmanuelli (21) annexe 2, pour ne citer qu'eux, situés à la gauche du PS, font encore illusion tout comme Jean-Luc Mélenchon annexe 1, devenu socialo-communiste et d'autres ne seront plus que des sujets de conversation au coin du feu des nostalgiques de cette gauche dogmatique, qui ne voit pas que l'évolution du monde, dans un libéralisme effréné, oblige de repenser le socialisme pour son existence. La vraie gauche n'existe plus, les métallos ont disparu, le monde demande une gauche moderne. Ils subiront le même sort que les communistes qui furent majoritaires à la libération, le premier parti de France, mais qui détruisirent tout par leur obédience à Moscou, mais aussi à leur incompréhension du monde, prêchant une politique en dehors du temps.

François Mitterrand l'avait compris pour accéder au pouvoir, il lui fallait écarter les communistes tout en se servant d'eux. Ce fut difficile mais sans cette condition, il ne serait jamais parvenu président de la République. C'est toute la différence entre ceux qui, accrochés à leur dogme, restent des illuminés. François Hollande l'a bien compris, sans son discours du Bourget ou il vilipenda la finance déclarant que c'était son pire ennemi, il n'aurait jamais vaincu Sarkozy, il lui fallait les voix de gauche. Le choix pour cette gauche fut de croire en lui, sachant qu'il était loin d'être un adversaire de la finance, c'est à dire celle qui subventionne les entreprises, à l'opposé de celle qui spécule, c'est toute la différence. Ce fut toute l'ambiguïté de ces paroles qui trompèrent cette gauche qui, enthousiasmée, n'a pas assez réfléchit, ou obnubilée par son désir de se venger de la crise spéculative de la finance, elle crut en François Hollande, mais avait-elle le choix ? Lui en vouloir de mener une politique socialo-libérale pragmatique, est une hypocrisie ? Auraient-ils préférés Sarkozy, non, alors pourquoi taper si fort sur Hollande ? Sont-ils capables de prendre le pouvoir, non ! Le comble est qu'ils ne voient pas dans leur aveuglement que François Hollande mène à la fois des actions sociales qui coûtent cher à la société, par les contrats aidés, mais aussi une volonté d'aider les entreprises, son pacte responsabilité qu'il met en œuvre en témoigne.

N'est-ce pas de gauche d'aider ceux qui sont au bord de la route à travailler ? Mais aussi, il sait bien que c'est l'entreprise qui donne du travail, il est donc amené aussi à subventionner les entreprises avec l'argent des Français, donc à réduire leurs charges. De nombreuses PME et de très petites entreprises souffrent, comme leurs salariés, de la crise.

Cette droite qui crie au scandale par ce qu'il subventionne les emplois aidés ne dit rien lorsqu'il subventionne les entreprises, seulement, il exige une contre partie, l'embauche de chômeurs, c'est toute la différence avec la droite. Ce n'est pas la politique de l'offre comme on l'entend par ce qu'elle exige une contre partie.

Le socialisme libéral qu'il incarne est débarrassé, des a-priories du passé, il permet qu'il survive, sans cela, il n'y aurait plus de socialisme. Et puis, être socialiste démocrate ou libéral, impliquerait-il que l'on dépense au lieu de resserrer les cordons de la bourse lorsqu'il y a un endettement majeur ?

Le socialisme désigne divers de courants de pensée et de mouvances politiques, dont le point commun est de prôner une organisation sociale et économique, on y met un peu tout. Mais la direction reste la même, c'est plus de justice sociale dans la réduction des inégalités. C'est en fait une œuvre, qui doit s'adapter si elle ne veut péricliter.

Historiquement le socialisme fut le principe de base vers l'aspiration à un monde meilleur, fondé sur une organisation sociale harmonieuse. Le socialisme définissait un courant à partir des années 1820, dans un contexte ou la révolution industrielle et l'urbanisation accompagnèrent ce mouvement. Il fut porté par un ensemble de revendications et d'idées visant à améliorer le sort des ouvriers, et plus largement de la population, via le remplacement du capitalisme par une société supposée plus juste. Les ouvriers n'existant presque plus, le socialisme d'antan se devait d'évoluer, n'est-ce pas ce que fait François Hollande ? L'idée socialiste, sous de multiples formes, se développa au long du XIXème siècle et donna naissance dans le monde à des partis politiques s'en réclamant sous diverses dénominations, socialiste, social-démocrate, travailliste, et maintenant social libéral. Je me devais de faire cette introduction par ce que Guy Mollet le méritait.

Guy Mollet fut une grande figure politique de ce socialisme de la quatrième République, il y joua un rôle très important. Politiquement de centre gauche, il adhéra à la Section française de l'internationale ouvrière très jeune en 1923, il fut un syndicaliste enseignant. Très contesté après la fin du tripartisme par les communistes pour ses alliances avec le Mouvement Républicain Populaire, MRP, formation politique de centre droit d'obédience démocrate chrétienne fondée par Georges Bidault et Pierre Pflimlin. Jean Lecanuet, Pierre Méhaignerie, Raymond Barre, et François Bayrou, furent et sont issus de cette formation.

Mobilisé en 1940, il fut fait prisonnier. Libéré en juin 1941 il s'engagea quelques mois plus tard dans la Résistance au sein de l'Organisation civile et militaire, OCM, qui regroupa des résistants de toutes tendances, de la gauche au conservatisme bon teint, mais où les socialistes furent prépondérants dans le Pas-de-Calais et dans l'Orne. Il écrivit pour le journal clandestin La Voix du Nord, et participa aux combats de la Libération et fut chargé de la commission d'épuration de Flers. Une épuration désordonnée, qui visait à condamner les collaborateurs français avec les nazis. Ce fut un mouvement populaire ou des désirs de vengeance et de règlements de comptes survinrent dès la libération. Elle entraina la mort d'environ 9.000 collaborateurs dont un tiers exécutés par les partisans.

Maire d'Arras en 1945, membre des deux Assemblées constituantes qui fondèrent la 4ème République, député en 1946 du Pas-de-Calais, il devint incontournable à toute combinaison ministérielle dans le cadre du tripartisme qui fut une expression désignant la coalition gouvernementale formée entre 1946 et 1947 par les trois principaux partis politiques français de l'après-guerre, MRP, SFIO, Communistes dont le parti fut le plus important après la guerre, rejetant dans l'opposition les radicaux. Le tripartisme s'achèvera par le renvoi des ministres communistes par le président du Conseil Paul Ramadier, (24) annexe 2, causé par la situation quasi-insurrectionnelle due aux grandes grèves menées par la CGT, principal syndicat français, dont la direction fut alors totalement inféodée au parti communiste lui-même aux ordres de Moscou.

Ministre d'État sous les gouvernements de Léon Blum (10) annexe 2, de 1946, 1947, et de René Pleven (25) annexe 2, 1950, 1951.Vice président du cabinet Henry Queuille (26) annexe 2, de mars à juillet 1951. Ces gouvernements successifs montrèrent bien l'instabilité constitutionnelle de cette 4ème République, les mandats étaient courts, les gouvernements d'alliances étaient reversés.

Européen dès la première heure, membre du Comité d'action pour les États-Unis d'Europe, il assuma son atlantisme, favorable à l'adhésion de le France à la Communauté Européenne de Défense CED, dont le projet qui fut rejeté en 1954 divisa profondément les socialistes.

De 1954 à 1956, il présida l'Assemblée parlementaire du Conseil de l'Europe alors dénommée Assemblée consultative. Anglophile convaincu Guy Mollet, motivé par les risques de tensions lors de la crise du canal de Suez (27) annexe 2, et à la frontière israélo-jordanienne qui éclata en 1956 en territoire égyptien, il se tourna vers le Royaume-Uni. Le conflit opposa l'Égypte et une alliance secrète, le protocole ou complot de Sèvres, (28) annexe 2, formée par l'État d'Israël, la France et le Royaume-Uni, suite à la nationalisation du canal de Suez par l'Égypte. Dans ce cadre, il proposa en septembre 1956 au Premier ministre britannique conservateur Anthony Eden,(29) annexe 2, que la France fusionne au Royaume-Uni, avec un statut proche de celui de l'Irlande. Cette idée fut rejetée par les Britanniques, Guy Mollet proposa alors que la France intègre le Commonwealth, projet qui séduisit plus Anthony Eden, mais resta sans suite, ce qui conduisit la France à intégrer la Communauté économique européenne.

En 1956, lors de la campagne pour les élections législatives, il anima, aux côtés de Pierre Mendès-France, François Mitterrand et Jacques Chaban-Delmas, le «Front républicain», radicaux, socialistes, UDSR, gaullistes, coalition réunie sur un programme de modernisation économique et sociale et de paix négociée en Algérie, qui obtint une courte majorité. Le président René Coty proposa, dans la suite logique de ce Front républicain, à Pierre Mendès-France de former un gouvernement en 1956, celui-ci refusa et lui suggéra Guy Mollet.

Il fut le dirigeant du Front républicain et la guerre d'Algérie fut pour lui «imbécile et sans issue», l'indépendance est dictée par le bon sens déclara-t-il.

Lors d'une visite à Alger le 6 février 1956, à l'hostilité violente des Colons appelée journée des tomates, puis à l'impossibilité de réunir une majorité parlementaire sur une ligne libérale en Algérie, il s'engagea dans une politique répressive et refusa toute solution négociée avant la conclusion d'un cessez-le-feu. Le 12 mars 1956, il demanda et obtint le vote des pouvoirs spéciaux incluant notamment la création d'une procédure de justice militaire de «traduction directe» sans instruction, la légalisation des camps d'internement créés en 1955, et l'attribution aux militaires des pouvoirs de police. Ce fut la période des guillotinés de François Mitterrand ministre de la justice, voir François Mitterrand et ses heures noires Annexe 1.

Pour certains historiens et hommes politiques, le vote des pouvoirs spéciaux marqua la responsabilité politique de la guerre dans la mesure où il conféra d'importants pouvoirs à l'armée. Guy Mollet doubla en six mois les effectifs militaires déployés sur place en envoyant le contingent. Il dut renoncer à nommer Georges Catroux ministre résidant en Algérie. Il proposa à Pierre Mendès-France, puis à Gaston Defferre (37) annexe 2, d'exercer cette fonction, mais ceux-ci refusèrent. Il désigna Rober Lacoste (38) annexe 2.

En 1956, le cabinet Guy Mollet fit adopter une troisième semaine de congés payés et la vignette automobile pour financer l'aide aux personnes âgées sans ressources via un Fond National de Solidarité, et prépara la loi cadre sur la décolonisation qui finalement sera l'œuvre de la 5ème république et il accorda l'indépendance à la Tunisie et au Maroc. En 1957, il signa les traités constituants la Communauté Européenne Économique, CEE. De tous les gouvernements celui de Guy Mollet est resté le plus longtemps, il chutera en mai 1957.

Vice président du Conseil dans le cabinet Pflimlin (39) annexe 2, en mai 1958, il se rallia au Général de Gaulle et il fut nommé ministre d'État. Il participa à la rédaction de la nouvelle Constitution avec Michel Debré, et après le succès du référendum, il redevint ministre. En 1962 dans le «Cartel des noms» (40) annexe 2, hostile à l'élection du président de la République au suffrage universel, il quitta le gouvernement en 1959 et retourna dans l'opposition, la Constitution restreignant beaucoup trop, selon lui, les droits du parlement.

Guy Mollet fut le point central de la venue du général de Gaulle, il prépara petit à petit le terrain, et l'opinion des Français, et su faire en sorte que la France se relève du drame algérien.

En 1965 il participa à la Fédération de la gauche démocrate et Socialiste, FGDS, soutint François Mitterrand à l'élection présidentielle, et cessa d'être secrétaire général de la SFIO pour adhérer au parti socialiste.

Le général de Gaulle dira de lui «j'ai beaucoup d'estime pour lui, pendant la guerre il a combattu à tous risques pour la France et la liberté».

Guy Mollet un homme qui fut façonné par le régime des partis de la quatrième République, ce qui lui donna une expérience politique de combat pour ses idées dans le respect de ses adversaires, ce que l'on ne retrouve plus maintenant. Les hommes politiques tels que lui avec Pierre Mendès-France et François Mitterrand furent des exemples pour ceux qui suivirent.

4-1 Les grandes dates de Guy Mollet,

Guy Mollet en 1959

1905/1976

Ministre d'État du gouvernement Léon Blum III du 16/12/1946 au 22/01/1947

Ministre d'État chargé du Conseil de l'Europe de 1954 à 1956

gouvernement René Pléven I du 12/07/50 au 10/03/51

Vice-Président du Conseil de l'Europe du gouvernement 10 mars 1951 au 11 août   1951

Henry Queille du 10/03 au 11/08/1951

Président du Conseil du 01/02/1956 au 13/06/1957

Vice-Président du conseil du gouvernement du 1er février 1956 au 21 mai 1957.

Pierre Pflimlin du 15/05 au 01/06/1958

Ministre d'État du gouvernement Charles de Gaulle III du 1er juin 1958 au 8 janvier 1959.

Ministre d'État chargé du statut général des fonctionnaires 14 juin 1958 au 8 janvier 1959

5- Le général Charles de Gaulle.

Charles de Gaulle en 1942.

Écrire sur cet homme en plusieurs dizaines de lignes est une gageure tant il marqua de son empreinte l'histoire de France dans le siècle dernier. Je vais essayer d'en donner une image pour ceux qui n'ont pas connu cette période de nôtre histoire. Son action fut d'abord militaire pour devenir politique l'un n'allant pas sans l'autre, de même que le conflit Algérien contribua à la création de la 5ème République, tant les évènements furent mêlés. Libérateur avec les Alliés de l'occupation Allemande de la France, il organisa la résistance à son QG en Angleterre et prononça l'Appel du 18 juin 1940 qui fonda la 5èmè République. Ces quatre phases de son histoire constituent l'image de son action.

On sait après avoir constaté les faiblesses de Paul Reynaud (41) annexe 2, le 16 juin 1940 que le général de Gaulle eut un découragement de ne pouvoir continuer le combat envisageant de démissionner de son poste de sous secrétaire d'État à la guerre. Il reçu le 13 juin un appui moral de Georges Mandel,(42) annexe 2, l'ancien député de la Gironde, Ministre de l'intérieur. De Gaulle en parla en ces termes dans les «Mémoires de Guerre». Mandel me parla sur un ton de gravité et de résolution dont je fus impressionné. Il était, tout autant que moi, convaincu que l'indépendance et l'honneur de la France ne pouvaient être sauvegardés qu'en continuant la guerre. Mais c'est à cause de cette nécessité nationale qu'il me recommanda de rester encore au poste où je me trouvais. Puis, évoquant l'avenir, il ajouta, «de toute façon, nous ne sommes qu'au début de la guerre mondiale. Vous aurez de grands devoirs à remplir, Général ! Mais avec l'avantage d'être, au milieu de nous tous, un homme intact. Ne pensez qu'à ce qui doit être fait pour la France et songez que, le cas échéant, votre fonction actuelle pourra vous faciliter les choses. «Je dois dire que cet argument me convainquit d'attendre avant de me démettre. C'est à cela, qu'a peut-être tenu, physiquement parlant, ce que j'ai pu faire par la suite».

Le départ pour Londres du général de Gaulle ne serait pas dû à une décision personnelle, encouragée par Reynaud, qui le facilita en délivrant 100.000 francs d'abord sur les fonds secrets, ou par Georges Mandel ? Tiré de la référence, Mérignac, le départ du général de Gaulle (43) annexe 2.

L'Appel du 18 juin 1940

Discours que le Général de Gaulle prononça depuis la BBC de Londres le 18 juin 1940 fut un appel à continuer la lutte, il fut l'acte fondateur de la France Libre. Cet appel ne fut pas enregistré. Refusant la capitulation de la France face à l'ennemi nazi, le général de Gaulle rejoignit Londres afin d'y poursuivre le combat. Voir, Philippe Pétain maréchal de France les derniers jours avant l'armistice, annexe 1, et les articles suivants, Philippe Pétain maréchal de France ses années noires de 1940 à 1944, annexe 1 et Le régime de Vichy qu'est-ce c'est ? Annexe 1. Ils décrivent cette phase de notre histoire.

Les chefs qui, depuis de nombreuses années, sont à la tête des armées françaises, ont formé un gouvernement. Ce gouvernement, alléguant la défaite de nos armées, s'est mis en rapport avec l'ennemi pour cesser le combat.

Certes, nous avons été, nous sommes, submergés par la force mécanique, terrestre et aérienne, de l'ennemi.

Infiniment plus que leur nombre, ce sont les chars, les avions, la tactique des Allemands qui nous font reculer. Ce sont les chars, les avions, la tactique des Allemands qui ont surpris nos chefs au point de les amener là où ils en sont aujourd'hui. Mais le dernier mot est-il dit ? L'espérance doit-elle disparaître ? La défaite est-elle définitive ? Non ! Croyez-moi, moi qui vous parle en connaissance de cause et vous dis que rien n'est perdu pour la France. Les mêmes moyens qui nous ont vaincus peuvent faire venir un jour la victoire. Car la France n'est pas seule ! Elle n'est pas seule ! Elle n'est pas seule ! Elle a un vaste Empire derrière elle. Elle peut faire bloc avec l'Empire britannique qui tient la mer et continuer la lutte. Elle peut, comme l'Angleterre, utiliser sans limites l'immense industrie des États-Unis. Cette guerre n'est pas limitée au territoire malheureux de notre pays. Cette guerre n'est pas tranchée par la bataille de France. Cette guerre est une guerre mondiale. Toutes les fautes, tous les retards, toutes les souffrances, n'empêchent pas qu'il y a, dans l'univers, tous les moyens nécessaires pour écraser un jour nos ennemis. Foudroyés aujourd'hui par la force mécanique, nous pourrons vaincre dans l'avenir par une force mécanique supérieure. Le destin du monde est là.

Moi, Général de Gaulle, actuellement à Londres, j'invite les officiers et les soldats français qui se trouvent en territoire britannique ou qui viendraient à s'y trouver, avec leurs armes ou sans leurs armes, j'invite les ingénieurs et les ouvriers spécialistes des industries d'armement qui se trouvent en territoire britannique ou qui viendraient à s'y trouver, à se mettre en rapport avec moi.

Quoi qu'il arrive, la flamme de la résistance française ne doit pas s'éteindre et ne s'éteindra pas.

Demain, comme aujourd'hui, je parlerai à la Radio de Londres.

Dans ce cadre il convient d'évoquer brièvement les faits marquants de sa carrière militaire pour celle de la politique.

Charles de Gaulle également écrivain publia un ouvrage sur «l'armée de métier» (66) annexe 2, en 1934 qui fît sensation, il y préconisait l'utilisation de blindés appuyant les soldats dans une guerre de mouvement. Cet ouvrage inspira, de son propre aveu, le général Allemand Guderian créateur de la force mécanique Allemande. Favorable à une réforme de la stratégie ne devant pas se contenter seulement de la ligne Maginot, il ne fut pas écouté.

Les Allemands passèrent par la Flandre et contournèrent la ligne Maginot supposée infranchissable, elle fut prise à revers. Colonel en 1937, il fut nommé à la tête du 507ème régiment des chars de Metz lors de la déclaration de guerre de la France et du Royaume Unis à l'Allemagne Hitlérienne. Le 03 septembre 1939, il fût nommé commandant des chars de la 5èmè Armée. Il réussit, avec la DCR la plus puissante des grandes unités Françaises dont il prit le commandement le 11 mai en tant que général en chef à titre temporaire, une percée au sud de la Somme qui réduira une poche que l'ennemi avait conquise près d'Abbeville, ou il fît 400 prisonniers

Le 1er juin il fit fonction de général de brigade à titre temporaire. Grade qu'il conservera sa vie durant. Il n'y fût jamais nommé définitivement.

Le 06 juin 1944 il fut convoqué par Paul Reynaud Président du conseil pour occuper un poste ministériel de sous secrétaire d'État à la guerre et à la Défense Nationale, ce fut le début de sa carrière politique. Charles de Gaulle sort à ce moment là de la hiérarchie militaire. Parti en mission en Angleterre pour coordonner l'action militaire, il apprit à son retour la démission de Paul Reynaud, Président du Conseil, son remplacement par le Philippe Pétain, la demande d'armistice, et il fut évincé du gouvernement. À Londres de Gaulle dirigea les forces Françaises libres. Il fut condamné à la peine de mort par Pétain pour trahison en juillet 1940

C'est le début de la résistance.

En 1942 de Gaulle devint le chef de l'opposition au maréchal Pétain, le 25 août 1944, la 2ème division blindée du général Leclerc libéra Paris et celui-ci reçut la reddition du général Von Choltitz. De Gaulle se réinstalla au ministère de la guerre rue St Dominique dans le même bureau qu'il occupait en juin 1940, signifiant que la République n'avait jamais cessé d'exister. Il se rendit à l'Hôtel de Ville et prononça un discours en clamant vers la foule,

Paris ! Paris outragé ! Paris brisé ! Paris martyrisé ! Mais Paris libéré.

Le 26 août 1944 il descendit triomphalement les Champs Élysées.

J'y étais, ce fut un moment inoubliable tant la foule était immense, il y en avait partout. J'avais 15 ans et pour me rendre aux Champs, je pris le métro dans une cohue indescriptible, je fus projeté au fond du wagon, écrasé, au point que la vitre sur laquelle je m'appuyais s'est brisée.

Ce fut une vraie liesse, au terme de quatre années de privations, nôtre boulanger nous fit du pain blanc

Le 09 septembre il forma un gouvernement d'unité nationale sous sa Présidence, une Assemblée Constituante fut élue le 21 octobre 1945, six mois après la fin de la guerre, et pour une durée de sept mois. Le projet soumis au référendum du 21 octobre 1945 prévit une Assemblée constituante élue pour une durée limitée de sept mois. Les Français répondirent favorablement aux deux questions posées par le référendum, « faut-il une nouvelle constitution ? » — 96 % de « oui » — et « faut-il limiter les pouvoirs de l'Assemblée constituante élue simultanément ? ». Les femmes et les militaires n'eurent pas le droit de vote.

Ce fut une victoire pour la gauche dans son ensemble. Le Parti communiste, qui avait déjà effectué une percée lors des élections de 1936, devint le premier parti de France, alors que le Mouvement républicain populaire, MRP, parti démocrate-chrétien issu de la Résistance situé au centre de l'échiquier politique, fit son entrée au Parlement. L'UDSR un parti issu de la Résistance, n'obtient guère que des résultats modestes. Le Parti radical-socialiste, qui fut pourtant la première force politique française de l'entre-deux-guerres, dût se contenter de résultats catastrophiques, et la droite fut discréditée étant associée par l'opinion à la collaboration menée par Pierre Laval pendant la guerre, et particulièrement divisée, perdit les deux tiers de son électorat. Il y eut 5,6 % de femmes députées.

Le   gouvernement   provisoire

De Gaulle donna le droit de vote aux femmes, elles le durent beaucoup à la SFIO, au parti communiste et au MRP. Il mit en place des nationalisations des plus grandes banques, les Usines Renault, l'EDF et GDF, les mines de charbon, et un système de sécurité sociale et d'allocations familiales moderne

En désaccord avec l'Assemblée Constituante sur le rôle des partis, il décida de se retirer de la vie politique et donna sa démission le 20 janvier 1946 à Félix Gouin, Président du 3ème gouvernement provisoire puis, Président du Conseil du 23/01/1946 au 12/06/1946.

En 1947, il fonda le RPF, Rassemblement du Peuple Français pour combattre le régime des partis. Le RPF adopta les thèmes de la droite la plus traditionaliste de l'ultra conservatisme colonial.

Après un grand succès aux élections de 1947-1948, son déclin s'amorça de 1949 à 1951 et aux élections locales de 1953, le RPF perdit la moitié de ses suffrages, et le général de Gaulle se retira à Colombey-les-Deux-Eglises.

Ce fut la longue traversée du désert du général de Gaulle.

Le   renouveau

L'insurrection Algérienne le 01/11/1954, l'impuissance des partis de la 4ème République à y faire face, voir Guy Mollet, le Président de la République Monsieur René Coty en appela au général de Gaulle, le plus illustre de tous les Français.

Bon nombre d'hommes politiques de tous bords en virent à souhaiter le retour du Général

Le général de Gaulle devint le 1er Président de la 5ème République le 01 juin 1958 pour 7 ans élu par un collège de grands électeurs et nomma Michel Debré premier Ministre (67) annexe 2.

Les députés lui accordèrent de gouverner par ordonnances pour une durée de 6 mois et de mener à bien la réforme Constitutionnelle du pays.

De Gaulle avec Michel Debré résistant gaulliste, garde des Sceaux, puis premier ministre, élaborèrent une nouvelle constitution sur mesure, qui fera gouverner la droite pendant près de 25 années, rédigée avec la collaboration de Guy Mollet. Elle établit un régime présidentiel avec un président élu par un collège de grands électeurs et qui ne fut pas responsable devant le parlement.

Le punch des généraux d'Alger une tentative de coup d'Etat formé par un quarteron de généraux qui échoua le 22 avril 1961, n'empêcha pas l'ouverture de négociations avec le FLN, Front de Libération Nationale algérien.

Les accords d'Évian, signés le 22 mars 1962, acceptés par référendum en France et en Algérie en juillet 1962 accordèrent l'indépendance à celle-ci.

Après l'attentat du petit Clamart contre sa personne par Jean-Marie Bastien Thiry, membre de l'OAS, organisation armée secrète, le 22 août 1962, Charles de Gaulle fut convaincu que seul un président élu au suffrage universel serait d'un poids suffisant face aux députés.

Le référendum du 28 octobre 1962 permit la réforme de la constitution par une large majorité de 61,7 % de oui, c'est ainsi que la première élection du président au suffrage universel direct eut lieu en 1965.

De Gaulle s'adresse le 04 octobre 1962 aux Français sur la censure pour l'élection du président de la république au suffrage universel.

```
<iframe width='460' height='259' frameborder='0' marginheight ='0' marginwidth='0' scrolling                                                                        ='no' src='http://player.ina.fr/player/embed/CAF89034601/1/1b0bd203fbcd702f9bc9b10ac3d0fc21/460/259' ></iframe>
```

En 1965 l'élection au suffrage universel du président de la République fut mise en pratique pour la première fois. Il fut mis en ballotage contre toute attente par François Mitterrand au premier tour et fut élu avec 54,8 % des voies au second tour.

L'élection du président de la 5 ème République au suffrage des Français venait d'être mise sur les rails.

En ce qui concerne la politique Européenne, le général de Gaulle était opposé à toute intégration et de supranationalité, il combattit contre la CECA, Communauté Européenne du charbon et de l'acier, et la CED, Communauté Européenne de défense.

Quand au Marché Commun, le traité de Rome signé le 25 mars 1957 sur la création de la CEE, Communauté Économique Européenne entre l'Allemagne, la France, l'Italie, les pays Bas, le Luxembourg, la Belgique, le général de Gaulle n'en parla pas. Mais contrairement à ce que redoutaient ses adversaires, la France ne se retira pas du Marché Commun, et il s'engagea résolument dès le 01 janvier 1959 dans la voie du Marché Commun. Cherchant à construire une Europe européenne, il se rapprocha de l'Allemagne fédérale et signa le traité de l'Élysée le 22 janvier 1963, mais refusa l'entée de la Grande Bretagne trop liée aux États-Unis.

Le référendum du 27 avril 1969 portant sur le transfert de certains pouvoirs aux régions et sur la transformation de Sénat vit la démission du général de Gaulle qui mit tout son poids dans ce référendum, il avait annoncé à l'avance sa démission en cas de victoire du non.

5-1 Les grandes dates du général de Gaulle.

1890/1970.

L'appel du 18 juin 1940 à 20 h à la BBC.

Il fonde le RPF en 1947

Premier Président de la 5ème République le 01 juin 1958

Le 04 juin 1958 il lance du forum d'Alger «je vous ai compris»

Musulmans et français d'Algérie ne font plus qu'un de Dunkerque à Tamanrasset

Nouvelle constitution présentée le 04/09/58 Place de la République

Référendum du 28/09/58, 79,2 % de oui

En janvier 1961 l'autodétermination aux Algériens est approuvée par référendum.

Accords d'Évian signés le 22 mars 1962 avec le FLN sur l'indépendance de l'Algérie, acceptés par référendum en France et en Algérie en juillet 1962

Référendum du 28 octobre 1962 permet l'élection du Président de la République au suffrage universel

Le 22 janvier 1963 il signe le traité de l'Élysée qui concrétise le rapprochement avec l'Allemagne

Première élection au suffrage universel du Président de la République en 1965

Le référendum du 27 avril 1969 perdu, sur le Sénat, par le général de Gaulle met fin à sa carrière politique

6 - François Mitterrand.

François Mitterrand le premier président de gauche de la 5ème République qu'il combattit par ce qu'elle instaurait un régime présidentiel, ne fit pas comme Pierre Mendès-France son maître à penser qui quitta la politique.

Ce fut un monument de la politique, une œuvre de la 4ème République habitué à des compromis à louvoyer de droite à gauche, écrivain, cultivé, une mémoire sans faille, il domina, comme le fit le général de Gaulle, le siècle dernier par ses actions sous les 4ème et 5ème Républiques. Il assura des fonctions ministérielles pendant les 10 dernières années de la 4ème République, peu d'hommes purent se prévaloir d'une telle expérience. Moqueur, changeant, hait, parfois insaisissable, une volonté constante à revenir au plus haut niveau après des échecs. Obstiné, il s'est imposé à la gauche et la rassembla ce qui ne fut pas une mince affaire tant elle fut divisée avec un parti communiste au plus haut niveau. Il permit, à cette gauche, d'être aux responsabilités et de gouverner, ce qui fut une révolution tant il était inconcevable qu'elle puisse être aux affaires. Les 23 années de droite la meurtrirent, et rien ne lui fut épargné. Mais si elle vint au pouvoir ce ne fut que par ce que la droite fut en proie à des divisions.

On le compara souvent au général de Gaulle, mais il n'en n'avait a pas l'aura. Le général de Gaulle eut à affronter des circonstances qui lui donnèrent une dimension exceptionnelle, mais dès lors qu'il entra en politique, il devint comme tous les politiques dans l'arène, et il dû se retirer. C'est toute la différence entre un politique dont c'est le métier et un général qui peut incarner une espérance, sauver une situation, mais qui n'a pas l'étoffe politique pour supporter les combines des partis.

François Mitterrand, ce fut le politique, qui tenu tête contre toute attente au général de Gaulle lors de la première élection présidentielle au suffrage universel direct, aucun homme politique n'osa l'affronter. Il mit le général de Gaulle en ballotage, ce qui fut ressentit comme un affront à cette droite qui n'en revenait pas.

Homme de paradoxe, il combattit la 5ème République pour avoir porté de Gaulle au pouvoir, «le coup d'État permanent» (68) annexe 2, ou François Mitterrand y dénonça la pratique du pouvoir personnel du général de Gaulle. Il ne se contenta pas de critiquer la lettre de la Constitution, il reprocha plutôt au général de Gaulle d'avoir trahi la promesse de 1958, selon laquelle le président est un arbitre. Mais lorsqu'il fut président, il devint comme ses prédécesseurs tout aussi dominateur, la fonction présidentielle modifie le caractère de celui qui l'incarne. Président de la République, il y resta 14 années depuis son élection en 1981 après l'avoir si fortement combattue.

Mobilisé en septembre 1939, il s'évada en décembre 1941 pendant son transfert dans un camp de représailles. Il rejoignit la résistance et jeta les premières bases de son réseau de résistance au printemps 1943. Il fut décoré de l'ordre de la franquiste (69) annexe 2, par le maréchal Pétain comme le symbole du sacrifice et du courage ce qui lui valut les pires reproches en l'accusant d'avoir collaboré. Elle lui fut délivrée pour sa participation à la «légion Française des combattants et des volontaires de la révolution nationale» en tant que contractuel. Il favorisera la fourniture de faux papiers pour aider les évasions des prisonniers. En été 1943, il entra dans la clandestinité et prit le nom de Morland comme pseudonyme. Traqué par la Gestapo, le Sicherheitsdienst et la Milice, il se rendit à Londres puis à Alger ou il rencontra le général de Gaulle. Il fut chargé par le général du secrétariat général aux prisonniers de guerre du 28/08 au 20/09/44. En août 1944 il participa à la libération de Paris

La 4ème République, le glissement vers la gauche

Député de la Nièvre en novembre 1946, il assuma des responsabilités ministérielles pendant les dernières années de la 4ème République.

En 1946, il adhéra à l'Union Démocratique et socialiste de la résistance, UDSR, au programme anti communiste.

Les fonctions qu'il assuma s'étendirent du Ministère des Anciens combattants et Victimes de la guerre sous Paul Ramadier président du Conseil du 22/01/1947 au 19/11/1947, puis Ministère d'État et de la justice sous Guy Mollet du 01/02/1956 au 13/06/1957, et il fut 8 fois Ministre d'État et 4 fois Secrétaire d'État.

Dans la tourmente de la guerre d'Algérie il eut une position ambiguë dans les gouvernements de Pierre Mendès-France et de Guy Mollet qui voulurent donner l'indépendance aux Algériens, et il déclara, «la rébellion algérienne ne peut trouver qu'une solution, la guerre», propos destinés à calmer l'aile colonialiste des députés centristes».

Il assista les gouvernements Pierre Mendes-France et Guy Mollet, pour l'autonomie de la Tunisie et du Maroc.

En septembre 1958, il appela à voter non au référendum sur la Constitution qui fut adoptée puis promulguée le 04 octobre 1958. Il compara de Gaulle à un dictateur. Mitterrand fut battu aux élections législatives du 30 novembre 1958.

La 5ème République vers l'union de la Gauche

Ce fut pour lui sa survie politique et une tentative d'unir la gauche entre 1959 et 1971. En 1959 il fut maire de Château Chinon, et il le resta jusqu'en 1981, puis ensuite, il devint Sénateur de la Nièvre au groupe de la gauche démocratique.

En octobre 1959, il fut inculpé dans «l'attentat de l'Observatoire» (70) annexe 2, pour outrage à magistrat, la loi d'amnistie de 1966 mit fin à la procédure. Il dût supporter longtemps les invectives de la droite.

En mai 1962, François Mitterrand fut appelé à défendre à décharge le général Salan dans «l'affaire du Bazouka» (71) annexe 2, qui fut une tentative d'assassinat contre le général Salan, le 16 janvier 1957. François Mitterrand appuya la thèse de Salan du complot gaulliste fomentée plus ou moins par des personnalités gaullistes.

Une partie de la gauche s'en prit ouvertement à Mitterrand d'avoir soutenu Salan dans une affaire de droite.

Ce fut tout à son honneur d'avoir agit de la sorte.

Le 25 novembre 1962 Mitterrand retrouva son siège de député et lors du référendum et appela à voter « non » contre l'élection du président de la République au suffrage universel, le oui l'emporta avec 62,25 % des suffrages exprimés.

En 1964, président du conseil général de la Nièvre il prit la tête de la, Convention des Institutions Républicaines, CIR, ce qui le plaça comme opposant majeur au général de Gaulle.

En 1965 candidat unique de la gauche, il obtint, à l'élection présidentielle, 45 % des voix contre 55 % au général de Gaulle.

Ce qui fut paradoxal chez Mitterrand, ce furent ses voltes faces, il critiqua l'élection présidentielle au suffrage universel et il s'y présenta pour être élu !

Personne ne pensa que de Gaulle pouvait perdre.

Encouragé par ce résultat, il prit la tête de la Fédération de la gauche sociale et démocratique, FGDS, (72) annexe 2, non communiste, elle regroupait la SFIO, le parti Radical, et divers clubs.

En mai 1968, la révolte des étudiants, noyautés par des anarchistes, fut d'une ampleur exceptionnelle, dont la figure de proue fut Daniel Cohn-Bendit. Le régime gaulliste étouffait la société, il contrôlait l'information, trop rigide et cloisonnait les relations humaines et les mœurs de la société, le paternalisme était omniprésent. Des barricades et des émeutes furent violentes, ce fut des affrontements à coups de boulons, de bâtons, de pavés, etc.... Pour connaître cette révolution qui s'étendit au monde ouvrier il faut se reporter à mes archives de Mai 68, (73) annexe 2.

Elle s'étendit dans une grève générale grèves chez Renault, dans la métallurgie, dans l'Administration, les informations, ce fut un défoulement général, la France sens dessus dessous fut paralysée, et François Mitterrand déclara, «*il convient de constater la vacance du pouvoir et d'organiser sa succession*» à la suite du départ du général de Gaulle en Allemagne rencontrer le général Massu.

Le général de Gaulle qualifia cette révolte étudiante et sociale du monde ouvrier de tsunami.

Les accords de Grenelle (74) annexe 2, mirent fin aux émeutes et aux grèves, Le monde ouvrier obtint de fortes augmentations de salaire, 35 %, de meilleures conditions de travail, et une meilleure forme de cogestion des Entreprises.

À la suite de ces émeutes apparut le terme de «gauchiste» désignant des membres de courants politiques au delà de la gauche communiste.

Dans cette tourmente François Mitterrand proposa Pierre Mendès-France pour former le gouvernement provisoire et se proposa comme président de la République.

Il s'en suivit des élections anticipées en juin 1968 qui se soldèrent par une cuisante déroute de la gauche, ce fut la réaction à l'action aux émeutes et grèves, le peuple de France eut peur, mais Mitterrand parvint à garder son siège de député, mais il fut discrédité.

Premier secrétaire du parti socialiste

En juin 1971 il devint premier secrétaire du parti socialiste au Congrès d'Epinay de la Convention des institutions républicaines, (75) annexe 2, CIR, fusionna avec la FGDS avec l'appui du CERES (76) annexe 2, de Jean Pierre Chevènement et des deux fédérations du Nord et des Bouches du Rhône

En 1972, il signa le programme commun avec Georges Marchais et les Radicaux de Gauche de Robert Fabre.

En mars 1973, il mit fin à gauche à la domination des communistes. Ce fut le tournant politique qui mènera la gauche au pouvoir

En mai 1974, à l élection présidentielle François Mitterrand perdit face à Valery Giscard d'Estain avec 49,2 % au second tour. Cette défaite fut saluée par l'Ambassadeur Soviétique à Paris et par le directeur de l'Humanité.

En 1977 eut lieu la rupture de l'union de la gauche.

En janvier 1981 il fut désigné comme candidat unique de la gauche et présenta pour son programme présidentiel «110 propositions», (82) annexe 2.

Ce fut à cette élection que l'on vit apparaître sur les murs de Paris les affiches montrant François Mitterrand en fond d'un village de France avec le slogan «La force tranquille», formidable slogan qui marqua, par la persuasion qui s'en dégageait, une bonne partie de la population qui en avait assez d'une domination sans partage de la droite.

Contre cette affiche, on vit dans le métro, des affichettes ou François Mitterrand était porté dans les bras de Georges Marchais. Cette provocation de mauvais gout fut une offensive droitière contre Mitterrand qui combattait le communisme

Le 10 mai 1981 François Mitterrand fut élu Président de la République avec 51,8 % des suffrages exprimés contre 48 % pour Valéry Giscard d'Estaing.

Ce fut une liasse indescriptible des bals populaires s'organisèrent un peu partout, de la Bastille à la France entière, François Mitterrand avait porté la gauche aux responsabilités gouvernementales, c'était historique, l'handicap communiste quelle portait depuis la fin de la guerre avait sauté.

Premier septennat –1981-1988.

Son Premier Ministre fut Pierre Mauroy. Il engagea d'importantes réformes ce qui modifia la situation politique de nôtre pays. Parmi les plus significatives dans la foulée du succès, elles furent,

> augmentation du SMIC de 20% des allocations familiales et du logement de 25 %, des handicapés de 20 %. Les Français avaient espérés dans ce retour de la gauche une politique plus sociale, ce qui ne fut pas sans conséquences sur   nos   finances.

suppression de la Cour de Sureté de l'État et abolition de la peine de mort. Ce fut un moment historique ou les débats à l'Assemblée Nationale furent d'une forte intensité, elle fut soutenue et débattue par Robert Badinter Garde des Sceaux. La droite de l'époque qui fut opposée à cette abolition ne la remit jamais en cause.

autorisation des radios locales privées. Ce fut l'explosion, les bandes de fréquence se chevauchant au point qu'il est bien difficile, encore actuellement, d'écouter, sur tout le territoire, certaines radios. Le Conseil Supérieur de l'Audiovisuel qui eut pour mission de réguler l'accès des différentes radios ne pu améliorer, dans certaines zones cette distribution ne sanctionnant pas assez les radios qui encombrèrent et encombrent, même actuellement, l'espace par des émetteurs trop puissants.

création de l'impôt sur les grandes fortunes, supprimé en 1987, rétabli en 1988 sous le nom d'impôt de solidarité sur la fortune, ISF. Cet impôt fortement combattu par la droite ratissa large, et fut souvent remis en question.

première dévaluation du Franc

nationalisation des banques, 36 banques de dépôt ainsi que Paribas et Suez, des grands groupes industriels, CGE, Rhône-Poulenc, Saint-Gobain, Thomson. Ce fut une condition de l'accord de gouvernement avec le parti communisme, l'union impliquait que chacun y trouva son compte et des compromis furent nécessaires. Ces banques furent ensuite «détionalisées» et retournèrent dans le domaine privé. L'orientation public, privé en dehors du dogme qui s'y rattacha ne fut jamais évidente. Pour des Entreprises des secteurs sans conséquence au plan national quelles soient privées est dans la logique libérale, mais celles dont les fonctions sont nationales, elles restèrent propriété   de   l'État.

la semaine de 39 heures fut adoptée pour la durée légale du travail

la 5ème semaine de congés payés

la retraite à 60 ans pour ceux qui remplirent à cet âge la durée légale de cotisation au taux plein, ce qui fut mon cas, l'âge légal de la retraite restant à 65 ans quelque soit la durée de cotisation.

la loi de décentralisation, loi Deferre. Cette loi donna le pouvoir aux communes de gérer le plan d'occupation des sols, qui fut sources d'abus et d'influences politiques diverses.

création de la Haute Autorité pour la communication audiovisuelle, maintenant, le CSA.

abrogation du délit d'homosexualité.

création de la cellule anti-terroriste de l'Élysée.

Discours à la Knesset ou François Mitterrand déclara «l'irréductible droit de vivre» de chaque peuple pour immédiatement ajouter, «il est celui des peuples qui vous entourent» et appela au respect des droits des Palestiniens de Gaza et de Cisjordanie.

loi Badinter sur l'indemnisation des victimes de crimes et délits

soutien de François Mitterrand à l'installation des missiles Pershing en Allemagne pour faire contrepoids aux missiles Soviétiques

drakkar le 23/10/83, 58 soldats Français tués et 239 marines américaines furent tués, François Mitterrand se rendit le lendemain au Liban.

abandon de la loi Savary sur l'enseignement suite aux manifestations monstres pour l'enseignement privé

François Mitterrand se rendit en URSS pour y défendre publiquement les droits de l'homme et Andreï Sakharov

gouvernement Fabius, fin de la participation des communistes au gouvernement

libéralisation de l'audiovisuel, création des premières chaînes privées dont Canal +

nouveau statut pour la Polynésie

commémoration de la bataille de Verdun, ce fut un moment fort de la politique de Mitterrand pour la construction de l'Europe

François Mitterrand et le chancelier allemand Helmut Kohl à Verdun, le 22 septembre 1984.

inauguration de la géode au parc de la Villette à Paris

instauration de la proportionnelle pour les élections législatives de 1986

limitation du cumul des mandats

réforme du code pénal

François Mitterrand accorda l'asile aux anciens gauchistes Italiens non poursuivis pour crimes de sang et qui renoncèrent explicitement à la violence

affaire du Rainbow Warior

ratification de la Convention Européenne des droits de l'homme sur le non rétablissement de la peine de mort

inauguration de la Cité des Sciences et de L'Industrie à Paris

le RPR et l'UDF remportent les élections législatives ce fut le début de la cohabitation avec le Gouvernement Chirac en 1986,

le Front national obtint 35 députés

inauguration du musée d'Orsay,

privatisations de Banques et des Entreprises publiques

inauguration de l'Institut du monde Arabe

privatisation de TF1 et de M6

référendum sur la Nouvelle Calédonie sur le maintien au sein de la République 98,3 % contre l'indépendance, 40 % d'abstentions

inauguration de la pyramide du Louvre

loi sur le financement des campagnes électorales présidentielles et législatives sur une proposition de François Mitterrand

Nouvelle Calédonie, île d'Ouvéa, attaque de la gendarmerie par un commando Canaque, habitants autochtones de la Nouvelle-Calédonie, assaut de la grotte d'Ouvéa, 21 morts, dont deux gendarmes, et dix-neuf indépendantistes.

Second septennat– 1988-1995.

Accords de Matignon sur la Nouvelle Calédonie

création du RMI

politique du ni-ni (ni nationalisation, ni privatisation)

réforme de la Politique agricole commune

inauguration du Grand Louvre

inauguration de l'Opéra Bastille

inauguration de la Grande Arche de la Défense

loi Jospin sur l'Éducation nationale

loi d'amnistie pour la Nouvelle Calédonie

signature de la convention de Schengen

création de la BRED, Banque européenne pour la reconstruction et le développement.

création de la CSG

transformation des PTT en deux Établissements la Poste et France Télécom

loi Arpaillange sur le financement des partis politiques

nouveau statut pour la Corse «peuple Corse, composante du peuple Français» ?   Invalidé   par   le   Conseil   constitutionnel

Édith Cresson première femme Premier Ministre

délocalisation d'organismes publics en province dont l'École nationale d'administration, ENA à Strasbourg

service militaire à 10 mois

loi Évin contre le tabagisme et l'alcoolisme

participation de la France à la Première guerre du Golfe

loi Joxe sur l'aménagement du territoire

refonte du code pénal

le traité de Maastricht (78) annexe 2, ratifié par référendum à une courte majorité

loi Sapin sur le financement des partis politiques

loi Neiertz sur la libéralisation de l'avortement, IVG.

seconde cohabitation, Balladur Premier Ministre

retour des privatisations

suicide de Pierre Bérégovoy, (83) annexe 2

affaire du sang contaminé, (84) annexe 2

révélation de sa fille adultérine Mazarine Pingeot

inauguration de la bibliothèque nationale de France

inauguration du pont de Normandie

17 mai fin du septennat de François Mitterrand

On mesure l'importance de l'action de François Mitterrand, qui transforma la société française, comme aucun autre président de la République ne le fit à ce jour. La suppression de la peine de mort, les radios libres, le RMI, la décentralisation, la réforme du code pénal, l'ISF, la CSG, le traité de Maastricht pour ne citer que les plus importants. Les grands travaux qui furent tant critiqués par la droite, et qui sont devenus une gloire touristique de la France pour le monde entier.

6 -1 Les grandes dates de François Mitterrand.

En 1981, photographié à l'intérieur de la bibliothèque un Livre à la main pour montrer qu'il est un homme cultivé. Document l'Internaute.com

1916/1996

La 4ème République.

Secrétariat général aux prisonniers du 26 août au 10 septembre 1944.

Ministre des Anciens Combattants et victimes de la guerre du 22 janvier 1947 au 21 octobre 1947.

Ministre des Anciens Combattants et victimes de la guerre du 24 novembre au 1947 au 19 juillet 1948.

Secrétaire d'État à l'information de 26 juillet au 05 septembre 1948.

Secrétaire d'État à la Vice-présidence du Conseil du 11 septembre 1948 au 28 octobre 1949.

Ministre de la France d'Outre-mer du 12juillet 1950 au 10 juillet 1951.

Ministre d'État du 20 janvier 1952 au 28 février 1952.

Ministre Délégué au Conseil de l'Europe du 28 juin 1953 au 04 septembre 1953.

Ministre de l'Intérieur 1954 - 1955.

Ministre de la Justice 1956 - 1957.

Sénateur de la Nièvre 1959 - 1962.

Député de la Nièvre 1962 - 1981.

La 5ème République

Premier secrétaire du parti socialiste 1971- 1981.

Président de la République de 1981 à 1988

Premiers Ministres

Pierre Mauroy 1981- 1984.

Laurent Fabius 1984- 1985.

Jacques Chirac 1986-1988.

Président de la République de 1998-1995.

Premiers Ministres

Michel Rocard 1988-1991.

Édith cresson 1991-1992.

Pierre Bérégovoy 1992-1993.

Édouard Balladur 1993-1995..

7- Commentaires.

L'élection présidentielle du président de la République au suffrage direct ratifiée par référendum le 28 octobre 1962 dans la foulée de la Constitution de 1958, fut motivée, par le général de Gaulle, qui voulait s'affranchir des partis politiques. Cette élection présidentielle au suffrage des Français permet au président élu de dicter la politique nationale, elle contribue à assurer une stabilité politique, qui 42 années après, montre que son objectif est atteint. Les difficultés qui apparurent au cours de ces années n'ont pas altéré cette efficacité. Mais la question est, est-ce que cette élection du président au suffrage universel direct des Français pourra tenir encore longtemps ?

Les conditions de 1962 ne sont pas celles de 2014. Mais aussi celles que nous réserve la mondialisation, qui remet en cause l'indépendance nationale. Le monde n'est plus pour les Français limité à l'hexagone, mais à un espace de plus en plus libéral. Ces influences pèsent sur la France, ce qui au sein d'une Europe, se trouve contrainte d'agir dans cette communauté, réduisant la portée du président élu par le suffrage des Français.

En France cette élection n'en n'est pas moins injuste tout en étant démocratique, par ce qu'elle partage le pays en deux blocs, ce qui font que, d'un bloc à l'autre, le pays est soumis à des politiques opposées. Injuste par ce qu'elle ne permet pas une représentation politique des Français. Mitterrand, lors de son premier mandat instaura une part de proportionnelle qui permit au Front national d'être représenté par 35 députés. Ce fut annulé ensuite lors de la première cohabitation avec le gouvernement Jacques Chirac premier ministre.

Cette confrontation entre deux blocs politiquement opposés à pour effet de tirailler les Français d'un coté ou de l'autre et de les conduire à ne plus croire en la politique, chaque bloc se prévalant que sa politique est la meilleure. À partir de ce constat les Français rejettent tout en bloc. À cela vient s'ajouter la durée du mandat présidentiel qui de sept années est passé à cinq, d'où un temps insuffisant pour appliquer une politique réformatrice tant les oppositions sont fortes.

Le passage de sept à cinq ans fut motivé par la nécessité d'éviter les cohabitations entre un président de couleur politique différente de celle de la nouvelle assemblée parlementaire. L'élection législative en cours de mandat du président n'assurant pas la continuité politique de la majorité précédente. On préféra réduire la durée du mandat présidentiel que d'augmenter de deux années celui des députés.

Bien que l'élection législative se fasse dans la foulée de la dynamique présidentielle rien ne permet d'affirmer que le président élu disposera de la majorité de gouvernance, c'est seulement un pari qui est fait. La cohabitation n'est pas évitée.

L'instabilité des partis de la quatrième République, se retrouve dans cette gouvernance toutes les fins de mandats présidentiel, si le président n'est pas réélu.

Ce que la quatrième République faisait avec ses alliances politiques pour former un gouvernement, elles s'effectuent maintenant, pour la plupart des partis, entre les deux tours de l'élection présidentielle. C'est donc un mariage contraint qui ne présage rien de bon. Ce pourrait être mieux, si les démons politiques des partis se seraient évanouis. Le fait d'être conduit à un choix, contraint l'électeur à mettre une croix sur ses convictions, ou à voter blanc, voire s'abstenir. Cela assoit le président élu sur un trône instable par ce que des voix politiquement non consenties ont contribué à son élection. L'effet est immédiat, il se trouve désavoué par ceux là même qui votèrent pour lui si sa politique n'est pas ce qu'ils souhaitaient. De ce fait, on assiste toute la durée du mandat présidentiel à un président qui se trouve critiqué et mis à mal par les sondages, ces Français n'assument pas leur vote. La conséquence est que cette faiblesse populaire complique la tâche du président, et le discrédite aux yeux de ses partenaires. L'image de la France s'en trouve affectée. De plus, il hésite à appliquer la politique qu'il envisageait de faire, et sa situation devient compliquée.

C'est vers lui que convergent tous les reproches d'autant plus, que son pouvoir est endommagé par la politique de l'Europe des 27. À cela, ajoutez que pour être élu, il est conduit à promettre, dans un programme de mandature des objectifs pour attirer dans son obédience le maximum d'électeurs ce qui, au départ, le contraint. Cela fait que, non maître de sa politique, il sera forcé de composer, mais aussi par ce qu'il se trouve à prendre en charge les conséquences de la politique de son prédécesseur. Il lui faut donc, au départ, s'affranchir de ces difficultés avant que son programme puisse être appliqué. Ces conditions peuvent le contraindre à changer de programme, elles ne font qu'activer le mécontentement d'une partie des Français.

Lorsque le général de Gaulle exigea qu'il soit élu par les Français, la France était souveraine dans des frontières reconnues, alors qu'actuellement ces frontières ne sont que celles d'une grande région de l'Union européenne, a l'intérieur de l'Espace Schengen. Ce ne peut plus être la même politique que celle envisagée par le général de Gaulle. On mesure ainsi les difficultés qui pèsent sur le président d'autant plus que la politique libérale de l'Union sans régulation commerciale entre les coûts de main d'œuvre des pays de l'Union, détruit les avantages sociaux des Français par ce qu'elle place nos entreprises, soumises à nos charges sociales, dans une concurrence défavorable.

La politique Française est donc à concevoir avec celle des autres pays de l'Union, mais dans cette condition l'élection présidentielle du président par les Français se trouve mise en défaut. Faudra-t-il repenser à une sixième République déjà amorcée par les 24 modifications constitutionnelles, afin qu'elle soit plus à même de tenir compte de l'Union. ?

Au cours de ces pages, je fis référence à un certain nombre d'articles tirés du moteur de recherche Google, que l'on trouvera dans les annexes, mais aussi à des articles que j'ai écrits et publiés dans mon blog. Le but évident fut de monter la valeur du raisonnement mais aussi de donner au lecteur le maximum d'informations.

Je veux souligner les articles se référant au départ du général de Gaulle à Londres, ils montrent au moment de l'armistice de 1940 les difficultés de nos dirigeants à assumer la déroute de nôtre armée. Cette page de nôtre histoire montre que le départ du général de Gaulle pour Londres ne fut pas spontané mais qu'il fut incité par Gorges Mandel ministre de l'intérieur de l'époque.

Toute l'histoire de la cinquième république repose sur ce fait.

Les articles écrits furent en 2006 mais pour ce livre je fus contraint de tout reprendre afin que le lecteur soit dans le temps présent, quant à ceux sur le maréchal Pétain, ils sont tirés de ma fresque Philippe Pétain parue en mars 2011, ils furent aussi modifiés et adaptés pour la rédaction de ce livre.

On peut citer sans se tromper que cette cinquième République fut dominée à son origine par deux hommes, le général de Gaulle et François Mitterrand, tous deux façonnés par la quatrième République.

De Gaulle appelé lors de la guerre d'Algérie pour sortir la France de ce guêpier trompa les Français comme aucun président de la république ne le fit, quand il clama je vous ai compris, la France de Dunkerque à Tamanrasset. Ce fut le 06 juin 1958 à Mostaganem, «*il n'y a plus ici, je le proclame au nom de la France et je vous en donne ma parole, que des Français à part entière, des compatriotes, des concitoyens, des frères qui marchent désormais dans la vie en se tenant par la main*» ?

Le 28 septembre 1958, son référendum avait accordé 80 % de «oui» à une politique qui évoquerait une France unie «*de Dunkerque à Tamanrasset*», ce fut une imposture quand le 16 septembre 1959 de Gaulle déclara, «*je considère comme nécessaire que le recours à l'autodétermination soit aujourd'hui proclamé*». Par là, de Gaulle reniait officiellement la politique pour laquelle il avait été appelé, il allait traiter avec la rébellion, voir la référence, voir (78) annexe 2.

Ayant vécu cette triste période, je me souviens parfaitement de ses paroles qui m'ont choquées.

Mais le comble fut qu'il soit soutenu par les Colons qui ne voulaient pas de cette indépendance ainsi que les partis de métropole qui avaient vilipendés les ministres Guy Mollet, Pierre Mendès-France et François Mitterrand. Ils voulaient faire l'indépendante de l'Algérie, mais ils furent contraints à l'envoi de contingents, ce qui fit qu'ils eurent une position ambigüe pour cette guerre qui conduisit à des milliers de morts.

La quatrième République si instable qu'elle fut, 24 gouvernements en 12 ans «le plus long 16 mois, le plus court 1 mois», se comporta correctement quand il y eut la guerre froide, la guerre d'Indochine. Si nous avions à faire face à ces difficultés, comment les résoudrions-nous actuellement ?

Ce que fit François Mitterrand pendant ses deux septennats est lourd, il a transformé le visage de la France, il à permis des libertés qui étaient verrouillées, il a imposé ses idées au monde, il a construit le nouveau Paris que l'on vient voir, et bien sur je ne vais pas récrire ce que j'ai présenté, je crois que c'est au plan politique le plus grand jusqu'à maintenant, de Gaulle fut autre chose, un militaire qui fit de la politique dans les circonstances que vous savez. Mais ils étaient des amoureux de la France

Bien entendu il y eut Pierre Mendes-France et Guy Mollet, qui firent au mieux sans l'avoir fait pour eux mais pour la France et nous devons leur en être reconnaissants. J'écris cela par ce que je crois qu'il y a des hommes politiques qui cherchent la gloire, la célébrité, d'abord pour eux et ensuite pour le bien des Français s'ils le peuvent, mais pas eux.

Quand à nôtre Président Jacques Chirac, il est encore trop tôt pour évoquer sa politique, son bilan.

En 2007 nous aurons les élections présidentielle et législatives, pour les présidentielles nous avons deux prétendants déclarés et sérieux,

Monsieur Nicolas Sarkozy,

Madame Ségolène Royale,

Sans sous estimer leurs compétences ils ne me paraissent pas à la hauteur des précédents, mais peut être faut-il attendre qu'ils mûrissent pour se rendre compte si nous ne seront pas trompés, mais qu'avons d'autre ?

Des outsiders, François Bayrou qui navigue entre droite et gauche, se cherchant une place, n'est pas encore stable, il paraît encore moins mûr que les deux autres bien que Madame Royal ne présente pas une expérience remarquable, mais elle a un grand parti derrière elle ce qui lui donne une dimension nationale.

Il y a aussi Jean-Marie-Le- Pen, qui a une audience dans les milieux populaires et espère en ses prises de position sur les immigrés, sur son nationalisme exacerbé, mais que peut il faire, les choses sont bien établies sur le plan intérieur et extérieur, tout changement radical conduirait à une révolution, la situation internationale ne permet pas des bouleversements importants, des accords sont passés et la parole de la France doit être respectée. Par contre, il faudrait qu'il y ait une représentation nationale à l'Assemblée des petits partis par une dose de proportionnelle.

Restent les écologistes qui ont bien du mal à trouver leur chemin.

Annexe 1

1 - Le 17 octobre 1961, ou l'histoire d'un massacre à Paris,

Un épisode douloureux de la guerre d'Algérie.

Plus de 200 morts par noyade ou exécutés lors d'une manifestation interdite par le couvre-feu de sympathisants du FLN, Organisation Militaire de Libération Nationale. Un épisode peu glorieux de ce conflit Algérien qui ébranla notre république. 150 cadavres furent repêchés dans la Seine. Encore sous la chape du secret, cette tragédie peu connue des Français, sauf par ceux de mon époque qui se rappelle à nous. Au terme de 50 ans le souvenir parle pour que la mémoire ne se perdre dans le fil du temps. Des manifestations commémoratives eurent lieu à Paris à l'Assemblée nationale, des marches du Collectif du 17 octobre, des rendez-vous, des films un peu partout commémorèrent ce 50ème anniversaire par devoir historique et pour la reconnaissance de ce massacre. La police matraqua, tua de pauvres Algériens aux ordres du FLN. Un épisode odieux que l'État français ne veut reconnaître. Il ne s'agit pas de droite ou de gauche mais de l'État car les deux idéologies ont gouverné la France.

Dans la nuit du 16 au 17 octobre, la préfecture de police fut informée d'une manifestation organisée par le FLN qui se voulait pacifique, mais qui, dans le climat de cette guerre ou des attentats contre des policiers eurent lieu, même à Paris, rendirent explosif tout ce qui se rapportait au FLN. Ces attentats dont ils furent les victimes engendrèrent de leur part un mouvement de révolte compréhensif et demandèrent, probablement poussés par les membres de l'OAS et de l'extrême droite, que les coupables soient condamnés à mort, sinon ils se feraient justice eux mêmes. Dans ces conditions le préfet de police instaura un couvre-feu pour les Nord-africains. Il fut alors conseillé de la façon la plus pressante aux travailleurs Algériens de s'abstenir de circuler la nuit dans les rues de Paris et de la banlieue parisienne, et plus, particulièrement entre 20 h30 et 5 h30 du matin. Il fut également déconseillé aux Nord-Africains de circuler à plusieurs, les assassinats de policiers étaient le fait de groupes de trois ou quatre hommes. Il s'agissait «*de mettre un terme aux agissements criminels de terroristes Algériens*». Mais en fait, il fallait réduire l'activité du FLN et ses collectes de fonds afin de prendre un avantage définitif dans la «*Bataille de Paris*» qui opposait depuis 1958 le FLN aux Messalistes, voir ci-dessous. Le FLN entendait contrôler toute la population Algérienne vivant dans la région parisienne. Ce couvre feu fut une gêne considérable pour leurs activités principalement nocturnes. Bien qu'il fut critiqué par la gauche, par les communistes, et par le MRP, Mouvement Républicain Populaire d'obédience catholique, mais aussi par les organisations contre le racisme, la traque au faciès, et bien que citoyens Français à part entière, ce couvre feu ne devait pas être l'objet de ces discriminations.

À ce couvre feu, le FLN, décida de riposter par un plan d'actions détaillées au comité fédéral qui visait dans la matinée du 17 octobre à la grève des cafés, commerces, et hôtels le 18, ainsi que des manifestations de femmes et d'enfants le 20. Le mot d'ordre ne devait être donné à la base que dans la journée du 17 octobre afin que la police ne le sache que le plus tard possible. Le «*boycottage du couvre-feu raciste*» devait être pacifique, c'est la raison pour laquelle hommes, femmes et enfants Algériens décidèrent d'y participer. Le port d'armes fut interdit, et des fouilles furent pratiquées. Les manifestants eurent pour mission d'atteindre à 20 h 30 différents endroits à Paris, boulevards, et places sans gêner la circulation.

A 16 h 20 tous les services de la préfecture de police furent informés que «*le FLN ordonnait à tous les FMA, Français Musulmans d'Algérie, de sortir ce soir 17 octobre en fin d'après-midi et en soirée sur les grands axes de la capitale afin de manifester pacifiquement contre les récentes mesures préfectorales*». Consigne fut donnée dans ce même télégramme d'appréhender les manifestants, de conduire les hommes au Palais des sports, les femmes et les enfants au poste de police de la rue Thorel, dans le IIème arrondissement. 1.658 hommes furent mobilisés entre policiers, gendarmes et CRS. La tension des policiers était extrême, une rumeur circula que cinq policiers étaient tués.

Cette manifestation, même pacifique, était une provocation dans ce climat de guerre algérienne, il fut donc logique qu'elle fut réprimée, mais surtout pas de la façon dont elle le fut.

Les concentrations prévues des manifestants furent la Place de l'Étoile, les boulevards Saint-Michel et Saint-Germain, et les Grands boulevards et la place de la République. Entre 20.000 à 30.000 manifestants se dirigèrent par petits groupes vers les lieux du rendez-vous qu'ils n'atteindront pas pour la plupart. Certains furent arrêtés à la hauteur des ponts de Neuilly et Saint-Michel, où ils furent tabassés et jetés dans la Seine. Des violences eurent lieu dans les couloirs souterrains des métros d'où ils sortaient, Concorde, Madeleine, Étoile, Opéra. Les armes utilisées furent diverses, crosses d'armes, matraques, «bidules», longues matraques de bois, mais aussi des armes non-conventionnelles comme des manches de pioche et des barres de fer. Les policiers frappèrent au ventre et à la tête. Dans le quartier latin, de nombreuses balles furent tirées par la police.

Les incidents du secteur des Grands Boulevards furent particulièrement violents et sanglants. Ceux qui avaient pu réussir leur rassemblement place de la République, brandirent des drapeaux et écharpes aux couleurs vertes et blanches du FLN et scandèrent les slogans «*Algérie algérienne*», «*libérez Ben Bella*». Ils se heurtèrent à deux compagnies de CRS devant le cinéma le Rex. Des coups de feu partirent d'un car de police transportant des interpellés vers le commissariat de la rue Thorel et il fut bloqué par des manifestants. Après les événements, l'état de la voie publique fut comparable à celui du Pont de Neuilly, débris de verre, chaussures perdues, flaques de sang, nombreux blessés gisant sur le trottoir.

L'autre secteur d'affrontements violents fut celui du secteur Saint-Michel Saint-Germain, à proximité de la préfecture de police dans la cour de laquelle les cars de la police déversaient des flots de manifestants interpellés, plus d'un millier au total. Dans la rue, les forces de police encerclèrent les manifestants qu'ils chargèrent et frappèrent. Pour échapper aux coups des policiers, certains préférèrent se jeter dans la Seine du Pont Saint-Michel.

Plus de 11. 000 Algériens furent interpellés et internés pendant près de quatre jours au Palais des Sports, au Parc des Expositions, au stade de Coubertin, et au Centre d'Identification de Vincennes. Dans l'enceinte des lieux d'internement, les violences systématiques continuèrent et des exécutions sommaires eurent lieu. D'autres furent internés dans les commissariats parisiens et même, pour 1. 200 d'entre eux, dans l'enceinte de la préfecture, où des policiers dénoncèrent à France-Observateur l'exécution de 50 Algériens jetés ensuite dans la Seine.

Une noria de cars de police et de bus réquisitionnés débarqua entre 6. 000 et 7. 000 Algériens au Palais des sports de la porte de Versailles. Au cours de ces transports, les corps furent parfois empilés les uns sur les autres. Après une heure du matin, les derniers cars, contenant 2. 623 Français Musulmans d'Algérie, FMA, selon la dénomination de l'époque furent dirigés vers le Stade de Coubertin. Des centaines de manifestants blessés furent dirigés vers des hôpitaux. Dans cinq hôpitaux seulement, on compta 260 blessés hospitalisés. Sur ces 260 blessés, 88 furent admis entre le 19 et le 21, ce qui témoigna de la persistance des brutalités policières bien au-delà de la nuit du 17 octobre. Parmi les policiers, une dizaine furent conduits à la Maison de santé des gardiens de la paix pour des blessures légères. Certains des blessés hospitalisés vinrent du Palais des sports où les 150 policiers qui assuraient la garde des détenus se livrèrent à des brutalités.

Des policiers diront dans les semaines suivantes « ...d'après ce que nous savons, il y a eu une trentaine de cas absolument indéfendables ». Les bus de la RATP réquisitionnés par la police pour convoyer les détenus furent rendus couverts de sang.

Les 18, 19 et 20 octobre, les actions prévues par le FLN se déroulèrent pourtant, et donnèrent également lieu à une répression policière, grève des commerces brisée par des réouvertures forcées, plus de 2. 000 manifestants arrêtés lors de manifestations avortées lors desquelles d'autres assassinats furent commis, violences physiques et verbales contre la manifestation des femmes du 20 octobre réclamant l'indépendance de l'Algérie et la libération des hommes, 60% des Algériens de Paris furent alors en détention.

Au mois d'octobre Maurice Papon préfet de police de Paris et Roger Frey ministre de l'intérieur durent répondre à un feu continu de questions embarrassantes, au Conseil municipal de la ville de Paris, à l'Assemblée nationale, et au Sénat. Une demande de constitution d'une commission d'enquête fut rejetée par 43 voix contre 39. Au niveau du gouvernement le silence fut total, comme si ce qui venait de se passer n'exista pas ou bien avait dépassé ce qui fut imaginé. Il est évident que l'État ne pouvait ne pas couvrir les actes criminels que certains policiers avaient faits.

Pour Maurice Papon dans son communiqué de presse, il fit état que la police dispersa une manifestation à laquelle les Algériens furent contraints de participer sous la menace du FLN. Toujours selon le communiqué, la police sur laquelle des coups de feu furent tirés avait dû répliquer, faisant deux morts et plusieurs blessés chez les manifestants. Il fut également état de l'hospitalisation d'une douzaine d'officiers de police et du renvoi en Algérie de tous les manifestants arrêtés.

Nombreux furent les journalistes à couvrir la manifestation du 17, mais la censure de la presse en vigueur pendant la guerre incita à la prudence, c'est ce point de vue officiel que refléta la presse quotidienne le 18 au matin. Mais dès le 19, les journaux publièrent une version plus détaillée des évènements. De nombreux journalistes se rendirent dans les bidonvilles de la banlieue parisienne et y découvrirent les signes de la violence policière qui sévirent non seulement le 17 octobre, mais aussi précédemment.

Ces crimes de la République sont restés impunis. Autorisés, supportés ou dépassées par les autorités de l'époque en pleine guerre d'Algérie qui touchait à sa fin. La situation était tendue, le FLN, se trouvait en conflit avec le Mouvement National Algérien, le parti des Messalistes du nom de Messali Hadj, (1) annexe 2, homme politique réclamant l'indépendance de l'Algérie depuis 1927. Après le putsch des généraux (2) annexe 2 à Alger du 16 avril 1961 organisé le cadre de l'OAS, Organisation Armée Secrète, par les partisans de l'Algérie Française, après le référendum sur l'autodétermination en Algérie, (3) annexe 2, le FLN décida de passer à l'assassinat de responsables Messalistes en France. Cette guerre fratricide portait sur l'impôt révolutionnaire payé par les travailleurs Algériens en métropole. Le FLN qui était devenu puissant avec 150.000 adhérents pour 6.000 en 1960, briguait cet impôt. Cet impôt représentait près de 80 % des ressources du FLN, le restant provenait de la Ligue arabe. Son emprise se développait dans la vie quotidienne, prescrivant la loi Coranique, interdisant la consommation d'alcool, le recours aux tribunaux Français, et éliminant les contrevenants.

Jusqu'en 1958 le FLN s'organise suivant une structure pyramidale et programme des attentats spectaculaires. La police qui fut parvenue à démanteler cet appareil, ficha les principaux membres des hôtels et foyers pour les interner dans des centres surveillés comme les camps du Larzac, Aveyron, Rivesaltes, Pyrénées-Orientales, Saint-Maurice-l'Ardoise, Gard, Thol, Ain, Vadenay, Marne, et certains furent expulsés en Algérie. Près de 14.000 Algériens suspectés membres du FLN y furent internés, dont 4.000 au camp du Larzac. Ensuite, le FLN se réorganisa en petits groupes de trois ou 6 et put ainsi compter sur 450 membres en région parisienne pour organiser des groupes de chocs, auxquels s'ajoutèrent 8 compagnies de 31 hommes chacune constituant l'arme de combat formée de tireurs confirmés et de techniciens des explosifs chargés d'éliminer les traitres.

C'est à cet appareil militaire que le préfet de police Maurice Papon (4) annexe 2 fit face à partir de 1958. Le 30 novembre 1958 Michel Debré alors premier ministre décida de créer une Force Auxiliaire de Police, les «*Harkis de Paris*», musulmans et Algériens volontaires. L'objectif de la FPA fut de disloquer l'organisation du FLN en arrêtant les responsables et en empêchant le prélèvement des cotisations. Leur efficacité conduisit rapidement le FLN à une guerre sans merci. Le poste de la Goutte d'Or (5) annexe 2, bien connu sur le boulevard Barbès pour sa forte concentration musulmane et maghrébine fut attaquée par deux groupes armés le jour même de son installation, le 20 novembre 1960, puis le 4 décembre. D'une façon générale, les postes et les cafés tenus par la FPA dans le XVIIIème arrondissement seront la cible de commandos qui y subirent de lourdes pertes, dans chaque camp.

Il est évident dans ce contexte que ce qui s'est passé le 17 octobre 1961 et les jours suivants ne peut surprendre, sans l'excuser. La guerre d'Algérie prévisible pour son indépendance fut combattue par les pieds noirs qui se sont fait ensuite rouler dans la farine par le général de Gaulle, accordant l'indépendance aux Algériens. Ce récit historique non exhaustif est inspiré du blog Changement de société (6) et de Rebellion info (7)

2 - Pierre Mauroy

Un homme d'État républicain socialiste.

Portrait de Pierre Mauroy en sa mairie de Lille le 07 juin. Honoré par ce qu'il fut le guide du renouveau de cette grande métropole, mais aussi un homme accessible et généreux, et un conteur fantastique. Les Lillois depuis samedi 08 juin à l'hôtel de ville rendent hommage à leur maire président de la communauté urbaine de 1989 à 2008, décédé vendredi 06 juin à l'âge de 84 ans. @AFP/Philippe Hugen.

Le 21 mai 1981, il fut nommé premier ministre par François Mitterrand à la suite de sa victoire du 10 mai 1981 dans la dynamique de la victoire de la gauche du programme commun sur les forces de droite rassemblées sous la candidature de Valéry Giscard d'Estaing. Si François Mitterrand fut celui qui mena le combat, sa victoire fut celle de toute une gauche qui trop longtemps fut écartée de toutes responsabilités politiques vouée seulement à des responsabilités régionales. Sans les communistes de Georges Marchais et les radicaux de gauche de Robert Fabre, mais aussi paradoxal que cela puisse paraître avec l'appui de nombreux gaullistes, François Mitterrand, sans eux, n'aurait jamais été élu. Ce fut un évènement qui bouleversa la vie politique française et internationale après tant d'années d'une gouvernance droitière.

Nombreux sont ceux qui prient peur de l'arrivée des communistes au gouvernement au point que certains partirent protéger leur fortune, pour finalement revenir deux années après.

François Mitterrand dû se rendre à Washington pour rassurer Ronald Reagan sur la loyauté de la France envers les États-Unis, après tant de pourriture déferlée par la droite.

Pour la première fois l'alternance s'était exprimée, mais il fallu attendre 23 années pour vaincre le pessimisme de ceux qui n'y croyaient plus. La cinquième république fut conçue par le général de Gaulle et Michel Debré, avec au début l'appui des socialistes de Guy Mollet devant l'hécatombe de la guerre d'Algérie, mais l'orientation d'une Constitution adaptée à une gouvernance exclusive de la droite fit que les socialistes se retirèrent. Ce «putsch», aussi paradoxal que cela puisse paraître, fut fait par la droite alors que c'est elle qui, pendant plus de 10 années, fit tout pour combattre ce que les socialistes, en particulier Pierre-Mendès France voulait faire, c'est à dire donner aux algériens l'indépendance, ce que fit le général de Gaulle en reniant sa parole d'une France de Dunkerque à Tamanrasset.

Il est nécessaire de rappeler ce fait d'histoire, bien masqué par la droite hypocrite.

Si Pierre Mauroy devint ce grand socialiste serviteur de la France c'est à la victoire de la gauche toute entière qu'il le doit. Il fallu ce programme commun de 110 propositions pour que Français Mitterrand accéda à la présidence avec 51, 76 % des suffrages exprimés. *On ne peut s'empêcher de rapprocher ce fait des 51, 64 % de ceux de François Hollande le 6 mai 2012, obtenus avec l'appui des gaullistes.* Cela montre la grande difficulté pour la gauche d'être majoritaire sans qu'elle s'unisse dans un programme de gouvernement et sans l'appui des voix de droite. Cette fois-ci ce ne fut le cas sauf avec les écologistes. A droite, l'union des forces conservatrices est plus soudée, plus réaliste par ce que moins idéaliste, s'adapte mieux à une gouvernance dans ce monde libéral de la finance.

Il fallait donc à François Mitterrand un premier ministre capable de concilier les appétits d'une gauche communiste avec une gauche sociale démocrate au pouvoir incarnée pas François Mitterrand. Pierre Mauroy répondait au mieux avec cette exigence par la convivialité de son attitude mais aussi par ce qu'il était un homme de gauche depuis l'âge de 18 ans lorsqu'il s'engagea à la SFIO dans les jeunesses socialistes. Ces origines sociales parlaient pour lui, fils d'un instituteur et d'une mère catholique dans une fratrie de sept enfants on ne pouvait contester son appartenance et sa foi dans le socialisme.

Lorsque François Mitterrand le nomma premier ministre ce fut pour beaucoup une découverte, pour son langage, ce qui tranchait avec ceux qui venaient d'être battus, et qui bien entendu contestaient à cette gauche sa victoire, *rien n'a donc changé.* La France à gauche est une calamité quoi qu'elle fasse. Comme le clament François Fillon et Jean-François Copé, encore aujourd'hui, mais avouant sans langue de bois, que la droite fait l'apprentissage de la démocratie.

À sa déclaration de politique générale le 8 juillet 1981, il s'engagea sur les bases d'une nouvelle citoyenneté, notant que les Français attendaient un pouvoir qui ne soit pas seulement exercé par d'autres mais exercé autrement. Quelques jours plus tard, à la télévision, il attaqua les gens du «Château» qui sont partis, et se dépeint *«en chef de guerre dans la lutte contre le chômage»*. Quatre mois après, le franc fut dévalué. *«Il fallait remettre les compteurs à zéro»*.

En dehors des éloges unanimes qui furent prodigués à la mort des grands hommes d'État, il faut se pencher sur ce qui restera de Pierre Mauroy. Tout d'abord, la formation d'un gouvernement après 23 années de droite, c'est à dire l'apprentissage de la gouvernance d'un pays. Il introduisit quatre ministres communistes, Charles Fiterman, Anicet Le Pors, Jack Ralite et Marcel Rigout au gouvernement de 1981 à 1984 ce qui, vu l'hostilité d'une droite sectaire montra le courage de respecter les engagements du programme commun. Qui ne se rappelle pas, que dans le métro les affichettes collées sur les vitres des portes montraient François Mitterrand porté dans les bras de Georges Marchais. Plus vexatoire pour ce grand homme on ne voit pas. Prendre la direction d'un gouvernement dans ces conditions, avec une assemblée nationale certes majoritaire, mais ô combien novice, ce ne fut pas rien, vu que déjà la conjoncture sociale présentait des inquiétudes.

Néanmoins, des réformes du programme commun furent engagées. La première de toutes fut l'abolition de la peine de mort mise en œuvre par Robert Badinter en tant que Garde des Sceaux le 09 octobre 1981, la mesure emblématique de l'ère Mitterrand parmi toutes les autres. La cinquième semaine de congés payés le 16 janvier 1982, les nationalisations de cinq grands groupes industriels et de 39 banques et deux compagnies financières, les lois Auroux sur le droit au travail, la retraite à 60 ans qui était fixée à 65 ans au terme de 37,5 années de cotisation. Cette réforme fut pour Pierre Mauroy la plus importante de la cinquième république.

«Des millions de personnes attendaient cette mesure depuis longtemps. Je me souviens des cortèges de manifestants réclamant deux choses, l'union de la gauche et la retraite à 60 ans».

Ce fut également pour moi, la fin de ma carrière industrielle puisqu'elle me permit de partir à 60 ans, ce qui, sans cette réforme, m'aurait amené à 50 années d'activité salariée.

A cela, il faut compter les lois de décentralisation engagées en 1982 par Gaston Defferre transférant l'exécutif départemental du préfet au président du conseil général et faisant de la région une véritable collectivité territoriale avec des membres élus. Il faut se rappeler le centralisme qui asphyxiait la France, et ces lois donnèrent plus de visibilité à l'aménagement du territoire. Mais de gros abus furent faits, l'influence des promoteurs et des connivences avec les élus locaux atténuèrent la portée de cette décentralisation. Et puis, le remboursement de l'IVG à 100 %, qu'Yvette Roudy ministre des droits de la femme défendit devant l'Assemblée nationale fin 1982 la possibilité du remboursement de l'interruption volontaire de grossesse, qui fit, qu'il devint effectif depuis une loi votée le 26 octobre 2012, puis modifiée en janvier 2014 pour supprimer la condition de détresse .

Le tournant de la rigueur réclamée par Jacques Delors, en juin 1982 par un plan de blocage des prix et des salaires fut un revers économique lié à l'application trop rigoureuse du programme commun sur les nationalisations qui coutèrent très chères conduisant Pierre Mauroy à accentuer la rigueur en 1983. *Les présidents passent mais les conditions économiques ne changent pas.* À l'approche des municipales de 1983, Pierre Mauroy fut contraint de démentir le plan de rigueur affirmant le 16 février «*Franchement, les gros problèmes sont derrière nous. La politique du gouvernement est fixée et, actuellement, pratiquement tous les indicateurs de la politique gouvernementale se remettent tranquillement au vert*». Même les grands hommes d'État mentent ou se trompent.

Ce fut le début de la grogne des communistes.

Et enfin la loi Savary sur l'éducation qui prévoyait la fusion du privé avec le laïc. Les grandes manifestations de la droite versaillaise dont on parle encore firent que François Mitterrand retira le projet, et qu'Alain Savary donna sa démission, que Pierre Mauroy fut remplacé par Laurent Fabius. *On peut y rattacher les manifestations des versaillais, encore, contre le mariage pour tous qui n'ont pas réussi, malgré leur ampleur à faire changer François Hollande de politique.* Les années passent mais tout ne se ressemble pas.

Le chômage commençait à gagner le pays, et qui ne se souvient pas des propos de François Mitterrand lorsqu'il déclara, **contre le chômage on a tout essayé**. Dans ce contexte Pierre Mauroy su conjuguer l'ardeur des communistes avec une politique sociale démocrate, en conduisant un maximum de réformes sociales, encore aujourd'hui critiquées par la droite. Parmi celles qui furent immédiates dès sa prise de fonction, elles traduisirent une politique de relance massive par l'augmentation du Smic de 10%, le minimum vieillesse de 20%, les allocations familiales de 25%, et quelques 55.000 emplois créés dans le secteur public. *Tout le contraire, sauf les emplois aidés, de la politique de François Hollande, mais ses moyens financiers sont aussi différents, ainsi que ceux des entreprises.*

Ce qui vient à l'esprit, c'est de se poser la question de la sincérité de la droite qui n'a cessée de critiquer la gauche de 1981, comme elle critique celle de 2012, lorsqu'elle l'accuse de ruiner la France, alors que sous les dix années de sa gouvernance la dette de la France s'est accrue de 600 milliards d'euros. Je retiendrais parmi celles qui furent faites celle d'Alain Juppé qui eut la franchise d'écrire sur Twitter :

Malgré nos divergences politiques, nos échanges ont toujours été courtois. Je garderai le souvenir d'un grand serviteur de la France.

— Alain Juppé (@juppealain) 7 juin 2013

Je noterai aussi celle de François Hollande qui de son voyage au Japon salua un homme de fidélité qui servit la France dans des moments exceptionnels, sans jamais occulter ses valeurs fondamentales. «*Pierre Mauroy ne trompait pas, il ne mentait pas, il allait jusqu'au bout de ses convictions en prenant la réalité telle qu'elle était*». C'était un homme de fidélité, fidélité à ses origines ouvrières, à sa région, à une cause, le socialisme, et à l'unité de la gauche. Et puis le tweet de Ségolène Royal qu'il soutint dans son combat pour la présidentielle de 2007,

Pierre Mauroy a incarné le socialisme populaire issu de l'ancrage local. On lui doit les grandes lois de décentralisation.

— Ségolène Royal (@RoyalSegolene) 7 juin 2013

L'hommage des Invalides a Pierre Mauroy.

Le discours du président de la république en hommage à Pierre Mauroy, (19) annexe 2.

3 - Martine Aubry face à la réalité,

Des retraites.

Non sans avoir murement réfléchit, mais devant l'évidence, et contre son aile gauche au parti socialiste, elle déclara le 17 janvier 2010 être ouverte au débat si le président de la République est prêt à travailler véritablement sur la base de principes justes, et pour concrétiser son ouverture elle admit la possibilité d'élargir l'âge de départ en retraite vers 61, voire 62 ans. À-t-elle consulté sa base ? Il semble que non puisque l'entrebâillement de la porte affaiblirait sa position d'après cette aille gauche.

Or, tous les observateurs disent qu'elle a bien joué, d'une part, elle montra un pragmatisme devant l'évidence de l'allongement de la durée de vie, ce qui n'est pas et de loin une prouesse, mais aussi, son parti, c'est à dire elle, si elle devenait présidente de la République, ne pourrait faire autrement que de programmer soit une augmentation de l'âge ou de la période de cotisation, voire même l'augmentation des cotisations ou un panaché des trois. Une position dogmatique de maintien de l'âge de 60 ans dans ce débat sur les retraites serait contre productive pour le futur des socialistes en terme de crédibilité.

Elle s'aligna donc sur les réalistes, François Hollande, Bertrand Delanoë, Manuel Valls, c'est en faisant des propositions innovantes que nous deviendront crédibles aux Français. Elle retint l'idée d'un grand débat national, un pacte entre pouvoir et opposition puisque cette question va se prolonger sur plusieurs gouvernements. Quand à Henri Emmanuelli, qui fut premier secrétaire du parti socialiste et président de l'Assemblée nationale, n'a pas apprécié que Martine Aubry bouscule le dogme des 60 ans et Benoit Hamon porte parole, qui clama que le PS reste attaché à l'âge de départ à la retraite à 60 ans, la gauche du PS marqua ainsi sa réprobation. Ce n'est «pas la position du PS que de reculer l'âge du départ à la retraite», a-t-il affirmé, laissant ouverte la porte à un débat et «une négociation avec les partenaires sociaux».

De son côté, Razzy Hammadi, membre de la direction du PS, déclara à l'AFP «qu'une position en faveur de l'allongement de la durée de cotisation dans le cadre de la réforme des retraites n'engage ni le PS et son bureau national, ni ses militants qui n'ont à aucun moment été consultés», c'est donc un blocage de la parole de la secrétaire générale.

Pour Claude Bartolonne président du Conseil général de la Seine Saint-Denis, il pencha pour un débat honnête sur les retraites mettant en avant un allongement de la durée de cotisation. On voit que le PS ne s'est pas débarrassé de ses démons, une cohésion des ténors sur un sujet si important n'est pas encore à l'ordre du jour, mais les courants se sont mis en veilleuse pour ne laisser place qu'à des déclarations.

Pour d'autres, à gauche du parti, le pragmatisme serait celui de l'amélioration de la production et d'en répartir le fruit, mais aussi de régler le problème des jeunes avant de s'attaquer à l'âge de la retraite. En fait tous ont raison, il faudrait, c'est vrai, que nous ayons d'abord du travail, que le chômage soit inexistant ou presque que les charges sociales permettent le financement des retraites, ce qui n'est malheureusement pas le cas. Mais, il est un paramètre que l'on ne maîtrise pas. C'est celui du nombre de salariés cotisants par rapport à celui des retraités quelques soient les gouvernements.

L'écart entre les deux évolue de telle sorte qu'il diminue chaque année en fonction de la durée de l'allongement de la vie et de la diminution du nombre de cotisants. Ce rapport s'exprime par celui des actifs/retraités qui varie en fonction des régimes de retraite. Certains présentent une situation très défavorable, ouvriers de l'État, mines, salariés agricoles, SNCF, tandis que pour d'autres, notamment dans la fonction publique d'État une nette dégradation est à prévoir dans les années futures.

Pour les salariés du privé, ce rapport varie entre 1,434 pour la CNAVTS, à 1,612 pour le régime complémentaire ARRCO, et 1,549 pour la complémentaire des cadres AGIR, selon les données au premier juillet 2009. Grosso modo on peut dire globalement qu'il est de 1,53 actifs pour un retraité. Mais ce rapport n'est qu'un paramètre dès lors que l'on n'y associe pas les masses financières correspondantes. Or, le nombre de salariés au SMIC ne cesse de croître, le blocage des salaires aidant, de sorte que le rapport des masses financières ne permet pas d'envisager pour les futurs retraités une retraite permettant de vivre décemment, il faudrait donc augmenter la durée de cotisation.

La loi du 21 août 2003 sur la réforme des retraites prévoit l'alignement des conditions d'accès à la retraite des fonctionnaires sur celles des salariés du régime général, ainsi que le passage progressif, pour l'ensemble des salariés, du nombre d'années de cotisation à 41 ans entre 2009 et 2012. C'est sur ce point que Martine Aubry veut probablement avoir son mot, d'une part, pour les salariés qui ont eu des conditions de travail pénibles et qui mériteraient de partir dès l'âge de 55 ans, et d'autre part, pour ceux qui ont commencés la vie salariale très tôt. En effet, il serait injuste si la retraite au taux plein serait à 62 ans et qu'une personne ayant travaillé dès l'âge de 18 ans se trouve à cotiser 44 années. Mais également le problème des séniors qui sont mis en charge de la société à 56 ans est à débattre pour que des mesures soient prises afin qu'ils terminent leurs années de cotisation. Et là, Martine Aubry devrait s'engager pour que cesse cet abus, nous serions les seuls en Europe à agir de la sorte. Elle mettrait ainsi le gouvernement dans une alternative, on discute, on accepte l'augmentation de l'âge de la retraite, mais vous acceptez nos propositions.

On peut en effet penser que cette ouverture n'est pas sans arrières pensées, et le donnant « donnant » de Ségolène Royal pourrait bien être son but. Si le gouvernement se comporte d'une façon dogmatique dans un refus de compromis et que, de ce fait, un accord républicain sur les retraites ne pourrait être obtenu, Martine

Aubry pourra toujours faire valoir que la gauche socialiste, qu'elle représente, est pragmatique et en tirer les profits en termes d'électeurs pour 2012 ou elle apparaît de plus en plus présidentiable.

En fait, à la réunion du PS du 26 janvier, le bureau national réaffirma la nécessité de défendre l'âge de la retraite à 60 ans, ce qui montra que même la secrétaire générale du parti ne peut s'avancer sans son assentiment. Aurions-nous mal compris, ou bien se serait-elle mal exprimée ? En fait, Martine Aubry ne remettait pas en cause l'âge de départ fixé en 1982 à 60 ans par le gouvernement de Pierre Mauroy de l'époque, mais à celui effectif qui interviendra de plus en plus tard par suite des réformes intervenues depuis 1993, mais comment faire autrement ? On peut trouver que sa remise en cause sur une position politique déclarée montre, son pragmatisme, même lorsque l'on gère un grand parti, ce qui montre le coté démocratique de la politique du PS mais aussi la difficulté de se prononcer sur un sujet aussi sensible que celui des retraites. C'est donc un frein à toute liberté de parole, qui ne serait pas sans conséquence lors d'une campagne présidentielle ou il faut s'exprimer sans avoir le temps de consulter sa base.

C'est une valeur démocratique qui est un handicap lors d'une campagne présidentielle.

Le dogme des 60 ans en fait n'est plus que pour faire plaisir à cette gauche qui s'y accroche sans tenir compte des réalités qui ont évoluées depuis 1982. C'est épisode marque bien la difficulté dans ce parti d'avoir un chef qui mette tout le monde d'accord par son pragmatisme et son aura dès lors que beaucoup peuvent prétendre incarner celle ou celui qui portera les couleurs de la gauche.

4 - Jean-Luc Mélenchon à des paroles et des actes, le 12 /01/12

Un moment de bonheur offert par un homme simple.

Document l'Humanité.fr

Est-ce bien le titre qui convient à cette émission politique de David Pujadas, journaliste et présentateur du journal de 20 heures de France 2, mais aussi animateur de l'émission politique « Des paroles et de actes », à l'analyse de ce que nous avons vu et entendu, ce sont plutôt des paroles que des actes. En fait, ce titre est tout a fait inadapté à ces invités politiques, ils ne peuvent émettre que des paroles, qui pourraient être des actes, s'ils venaient à pouvoir appliquer leurs dires. Et même, dans ce cas, entre les dires et les actes, il y a bien souvent un fossé et parfois le contraire. Ce que l'on ressent, que ce soit Marine Le Pen, François Bayrou, et Jean-Luc Mélenchon, et tous les autres, et sans aucune mauvaise intention, cette émission offre toutes possibilités de propagande, d'affirmations sans preuves de part et d'autre entre les intervenants, de programmes irréalistes d'autant plus que maintenant la France vient de perdre son triple A, de dérives démagogiques sachant, que finalement, parmi les candidats à l'élection présidentielle invités, un seul parmi eux sera en mesure d'être confronté à ses dires s'il venait a être élu, dans la mesure ou tous les prétendants seront invités. Alors tout est permis et l'émission devient un spectacle, c'est ce que Jean-Luc Mélenchon nous a offert. Trois heures durant affirmant son objectif, convaincre les gens que l'on peut changer le pays. La cocotte minute est en train de bouillir selon ses dires, alors profitons en !

Quelles que soient ses opinions politiques Jean-Luc Mélenchon a réuni 3,2 millions de téléspectateurs, soit 13,3 % de part d'audience une tribune à sa mesure prenant par instant le pas sur l'ordonnancement de l'émission. Il fit mieux que Jean-François Copé, 11,1 %, Alain Juppé 9,4 %, tous deux de l'UMP, Union pour un mouvement populaire, mais moins bien que Marine Le Pen 15, 1 % du Front national, la curiosité n'était pas assez aiguisée, il ne représente, actuellement, que 7 à 8 % d'intention de votes.

Dans un style sans bavures, dans un engagement vraiment à gauche, à la gauche de gauche du parti socialiste, derrière chaque interventions socialistes afin de marquer son territoire dit-il, entouré de Marie-Georges Buffet, PCF, Parti communiste français, Clémentine Autain, Fédération pour une alternative sociale et écologique, il nous a offert à la fois du sérieux, de la répartie, mais aussi de l'humour à la rigolade.

« François Hollande n'est pas mon adversaire, c'est mon concurrent ».

Mais, il ne faut pas qu'il croit qu'il suffise d'apparaître sans discuter avec personne pour avoir son adhésion au second tour. «*Je veux l'entendre dire si Mélenchon est au second tour, je voterais pour lui !*» Je lui dirais, voila le programme du Front de gauche, qu'il brandit plusieurs fois au cours de l'émission, «*vous voulez des électeurs du Front de gauche, et bien, convainquez-les !*» «*Débrouillez-vous !*» «*J'estime que le Front de Gauche est la condition de la victoire de la gauche !*» Je suis un homme du système, un cacique du PS, «*j'ai voté Maastricht mais quand j'ai compris que c'était une erreur*», j'ai lutté contre. Il sait comprendre ses erreurs.

«*Je parle comme je veux, et comme des millions de Français, trouver un trait, un mot, qui marque les esprits*», assumant sa stratégie de rentre dedans devant les médias. Son approche politique a désorienté les interviewers en passant souvent au-dessus de leurs questions, un maître. Il n'y répondait pas directement, mais au fondement même du sujet qui faisaient de ses interlocuteurs, des interviewés, les rôles devenaient inversés.

Face au journaliste François Langlet, ENSAM, qui l'interrogeait sur sa politique économique sa réponse fut de dire qu'il ferait 14 tranches d'impôts et prendrait tout au-dessus de 360.000 € de revenu annuel. Nous voulons mettre en place des cercles vertueux notamment par des écarts de salaires de 1 à 20, le laissant un moment sans réponse.

Si notre problème se résumait à cet écart de salaire je comprendrais, mais c'est une goutte d'eau dans l'Océan de nos difficultés, cela ne signifie pas, pour autant, qu'un contrôle de la dérive salariale doive être effectué.

Je comprends mieux l'augmentation du SMIC à 1.700 €, soit à peine 2 € de plus de l'heure dit-il. «*J'en ai par dessus la tête de m'entendre dire que ce n'est pas possible, aujourd'hui le SMIC c'est 9 euros*», vous savez de quoi on parle ? Brandissant une pièce de 2 € «*voilà ce qui fait verser de grosses larmes aux puissants*». Surtout ne pas prendre exemple sur l'Allemagne, il y a 20% de la population active en dessous du seuil de pauvreté. Il n'y a pas 6 % de chômeurs de la population active, «*on a maquillé les chiffres en supprimant des séniors*». Lire «La misère de Merkel pire que celle de Sarkozy, sinon au moins égale», annexe 1.

«*Tous sont pour l'austérité sans exception*», elle mène à la catastrophe, et s'il doit y avoir de la croissance elle doit être écologique, seul le Front de gauche est pour la relance de l'activité par la consommation, justifiant l'augmentation du SMIC.

Sur les graphiques économiques présentés qui montraient l'évolution des salaires au cours des dix dernières années avec l'évolution économique, il ne fut pas du tout influencé, répondant, à François Langlet, vous auriez dû me les envoyer avant pour que je les étudie, je n'aurais surement pas trouvé le même résultat que vous. De l'esquive de premier ordre. En fait, il a joué, se délectant de la force de sa conviction et de son background politique. Admiratifs, mêmes ses interlocuteurs l'ont été. Du grand art avec des arguments de poids sur les sujets qui fâchent.

Son combat par dessus tout c'est Marine Le Pen qui parle à la télé mais qui ne va pas dans les usines soutenir les salariés. Il trouve normal qu'elle puisse avoir ses 500 signatures pour être présente à cette élection. Mais, il ne donnera pas consigne aux maires du Front de Gauche de donner leur signature afin qu'elle obtienne les 500 signatures pour être présente à l'élection présidentielle, il se ferait jeter, lucide.

Sur les sans papiers, il régulariserait ceux qui travaillent, «*c'est la seule manière d'arrêter le dumping social, a-t-il affirmé*». «*Un travailleur qui n'a pas de papiers ne peut pas se défendre et faire appliquer le code du travail. Donc il est maltraité, et sous-payé*», des mots justes.

Où, je ne l'ai pas compris c'est sur le quotient familial, il avait une franche occasion d'homme de gauche pour appuyer sa modulation afin que tous nos enfants aient le même poids monétaire. Non, il s'est esquivé prétextant qu'il fallait attendre la décision des socialistes entre sa suppression ou sa modulation. **Il a manqué à son devoir.** «*Je n'ai pas l'intention de courir derrière chaque invention des communicants socialistes. Je suis pour une vraie réforme fiscale*», a-t-il lancé.

C'est à la présence de Jean-Louis Baffa ex patron de Saint-Gobain et président d'honneur que le problème économique fut abordé. Nous devons arracher les entreprises des griffes de la finance et aller vers la planification économique. A la place de la concurrence et de la libre-concurrence non faussée, il faut de la coopération. Notre intérêt est de discuter avec les Chinois, (qui ont des coûts, ainsi que d'autres, en valeur ajoutée défiant toute concurrence). «*Cela ne veut pas dire approuver le régime chinois, cela veut dire coopérer*». Au niveau de l'entreprise, «*je suis partisan d'une loi qui donne un droit de préemption aux salariés sur leur outil de travail... que ceux qui détiennent des actions aient des droits selon le temps de détention de ces actions. Je suis partisan de la planification écologique*».

```
<iframe    src="http://www.dailymotion.com/embed/video/xnn7xt"    height="270"
width="480" frameborder="0"></iframe>.
```

Il termina en lançant «*si nous ne gagnons pas, il va y avoir un immense tumulte, mais nous ne savons pas comment il va tourner. C'est pour cela que vous me voyez si passionné*». «*Le repentir, ce n'est pas trop mon truc. Je l'ai pratiqué quand j'étais enfant de chœur mais, là, j'ai passé l'âge*», ce qui fit sourire la salle.

Dans la foulée de sa campagne présidentielle, il était à Nantes à Saint Herblain au Zénith le 14 janvier. Et justement la France venait de perdre le vendredi 14/01/12 officiellement son triple A. Dommage que ce n'était pas encore effectif à son show du 12, nous aurions aimé l'entendre. Mais cela ne l'a pas empêché de fustiger les quatre Dalton de l'austérité en dénonçant un discours de sang et de larmes. «*Vous savez que chez les Dalton, c'est le petit le plus méchant et la plus grande, la plus bête !*» Traitant Marine Le Pen «*d'hallucinogène, d'opium du peuple qui fait croire que l'ennemi c'est l'immigré alors que c'est le financier*». «*Camarade, regarde où est ton intérêt, a-t-il lancé. Ton intérêt de classe, c'est de voter avec ta classe !*» Du Georges Marchais   !

5 - La misère de Merkel pire que celle de Sarkozy, sinon au moins égale ?

Les mêmes politiques ne produisent-elles pas les mêmes effets ?

Nous n'arrêtons pas d'entendre nos politiques vanter la bonne gestion de l'Allemagne, le pays «nomber one économique» de l'Europe, le leadership, celui sans lequel l'Europe ne serait pas ce qu'elle est, l'exemple ! Sarkozy ne pouvait plus rien faire s'il ne s'en référait pas au préalable à Merkel ! Elle lui fut omniprésente à en devenir fou ! A chaque augmentation de taxes, il regarde du coté de l'Allemagne indécis de prendre une décision éclairée. Mais, il est un proverbe qui dit, *qui n'entend qu'une cloche n'entend qu'un son.* Et pour connaître le fond des choses dans le cas de l'Allemagne il faut en entendre au moins deux. C'est bien ce qu'il ressort de ce que j'ai pu lire sur le site, le miracle Allemand à quel prix, (79) annexe 2. En fait on n'arrête pas de nous vanter une Allemagne, mais ce n'est qu'une face, celle qui colle le mieux à la politique de ceux qui y voient leur intérêt, et les journalistes patentés dont leur boulot serait de nous éclairer marchent dans le même sens. La première question que l'on peut se poser, les Allemands sont-ils meilleurs que nous ? Moi qui ai travaillé avec eux, je n'en ai pas eu l'impression, et sans vouloir vexer quiconque beaucoup m'ont apparu un peu difficiles, manquant de souplesse. L'Allemand est très conservateur dans son évolution aux techniques modernes par exemple le paiement par carte bancaire était, il y a quelques décennies refusé dans certains hôtels, dans les stations d'essence, alors qu'en France il était largement pratiqué. L'Allemagne ne m'avait pas parue un pays à la pointe dans le progrès, plutôt adepte des coutumes passées, mais cela fait quelques dizaines d'années. Sa culture germanique est symbolisée par la réflexion de Nietzsche pour qui «*l'utilité détermine si les jugements sont vrais ou faux. Or le vrai c'est l'utile, et l'utile c'est le pragmatisme*». L'Allemagne est pragmatique, c'est ce qui nous manque le plus. En outre, l'Allemand est obéissant, contrairement au latin, plus expansif, plus désordonné, plus rêveur, mais plus imaginatif plus élégant. Pour la rigueur, il faut qu'il se force, le germanique non, c'est dans sa nature, il ne laisse rien au hasard, il va au fond de choses.

Si l'on parlait chômage par Marc Meillassoux, Berlin.

Correspondant à Berlin depuis fin 2009. Études d'économie à Paris IX Dauphine, à la Wirtschaftuniversität de Vienne puis à la Technische Universität de Dresde, spécialisé en macro-économie, finance et affaires Européennes.

L'Allemagne c'est le miracle économique avec 6,9 % au sens du BIT de chômeurs en septembre 2011 avec sa réunification. En France il est de 9,6 % , y comprit les DOM au sens du BIT. Or en Allemagne, comme en France d'ailleurs, des millions de chômeurs ont été radiés comme les précaires dépendants de l'aide sociale. Il y a, comme en France, d'importantes disparités, à Berlin par exemple le taux est de 12,7 %, alors qu'en Bavière riche région Allemande il est de 3,4 %. Comme en France, depuis le début des années 2.000 la politique de blocage des salaires et d'un marché du travail plus flexible s'est appliquée. Mais des voix se sont élevées pour dénoncer le maquillage des chiffres, et la précarité institutionnalisée de la dernière législation du travail. Pour réduire le chômage volontaire, ceux qui sont accusés, comme en France, d'en profiter pour ne rien faire, les Allemands eurent le «Doktor Hartz» le directeur des ressources humaines de Volkswagen. Il a instaura des «mini-jobs» payés 400 € par mois sans cotisation et sans assurance, et les «1 euro-jobs», essentiellement pour des travaux d'intérêt public. Le travail quasi forcé pour les paumés, un reste de la gloire hitlérienne.

La réforme du système d'allocation a modifié les conditions d'allocations pour les chômeurs de longue durée. La durée de versement qui était de deux, voire trois ans passa à un an. L'allocation chômage II (22) annexe 2, et l'aide sociale furent fusionnés et furent désormais versés par les jobs center, une sorte d'agence pour l'emploi.

Les séniors par suite de l'augmentation de l'âge de la retraite de 65 à 67 ans vont être près d'un million qui, ne disposant que d'un contrat qui assure leur prise en compte jusqu'à 65 ans, ils vont grossir les effectifs des chômeurs. Les chômeurs seniors sont d'ailleurs le point le plus délicat de la réforme Hartz (23) annexe 2, qui comprend quatre lois. Alors que le nombre de bénéficiaires de Hartz IV a officiellement reculé de 9,5% entre 2006 et 2009, la part des plus de 55 ans a augmenté de 17,7%. Elle a engendré un faible niveau de pension une fois à la retraite, ce qui n'a rien d'étonnant.

Nous n'avons donc rien à envier aux Allemands, qui dénoncent dans le quotidien Die Welt que les chiffres du chômage des séniors sont truqués. Ce journal conservateur relate qu'un chômeur de plus de 58 ans sur deux n'est plus répertorié dans les chiffres de la Bundesagentru für Arbeit, Centre d'information fédéral pour l'emploi. Par une magouille comptable et dialectique, le Pôle emploi Allemand aurait fait sortir 211.000 chômeurs séniors des listes.

> *Qu'on arrête de parler de miracle économique. Aujourd'hui, le gouvernement répète que nous sommes aux alentours de 3 millions de chômeurs, ce qui serait effectivement historique. La réalité est toute autre, 6 millions de personnes touchent Hartz IV, ce sont tous des chômeurs ou des grands précaires. Le vrai chiffre n'est pas 3 millions de chômeurs mais 9 millions de précaires.*

Début 2011, seulement 43% des seniors bénéficiaires du chômage étaient enregistrés sur les listes.

Les travailleurs pauvres.

Pour renforcer sa compétitivité, l'Allemagne libéralisa son marché du travail et précipita une part croissante de salariés dans la précarité. Absence de salaire minimum, travail à temps partiel, «mini jobs» sans assurance maladie ou petit boulots payés 1 euro de l'heure. Aujourd'hui, près d'un travailleur Allemand sur cinq est «pauvre». L'économie sociale de marché qui était le fer de lance d'une cogestion patronat syndicats qui a longtemps été enviée et permit une redistribution des ressources est en voie de disparition. Les lois Hartz depuis 2.000 destinées à rendre l'Allemagne plus compétitive eurent pour conséquence de reléguer les chômeurs de longue durée dans la pauvreté.

> *La réforme Hartz s'appuyait sur le slogan «Fördern und fördern», «promouvoir et exiger». Avec son entrée en vigueur, tous les chômeurs de plus d'un an ont vu leurs allocations chômage diminuer jusqu'au niveau de la Sozial Hilfe, l'équivalent pour nous de l'ancien RMI. Pour ces chômeurs, la réforme signifiait une descente immédiate dans la pauvreté.*

La prolifération des «minis-jobs» et des «1 euro-jobs» en augmentation de plus de 47,7 % eurent pour effet de pousser les retraités, plus de 660.000, à reprendre du travail, combinant ainsi pension et «mini-jobs». **Les retraités Allemands au boulot !**

En mai 2011, les statistiques officielles faisaient désormais état de 5 millions de mini-jobs. Plusieurs scandales ont éclatés ces dernières années, mettant en cause des grands groupes accusé de **«faire leur beurre»** sur ces salariés précaires. En Allemagne comme en France l'amélioration de la compétitivité passe par la réduction des coûts salariaux.

> *Au niveau international, l'Allemagne se distingue comme une société à deux vitesses en ce qui concerne le marché du travail. En Allemagne, encore plus que dans les autres pays membres, les employés sans emploi fixe sont les principales victimes de la crise.*

Concluait l'OCDE en 2010.

Deux millions de salariés à moins de 6 € de l'heure.

En août 2010, un rapport de l'institut du travail établissait que 6,65 millions de personnes touchaient moins de 10 € de l'heure, soit 2,26 millions de plus sur 10 années. 2 millions gagnaient moins de 6 € et nombreux vivaient avec 4 € de l'heure. Mais des allocations sociales permirent de compenser leurs ressources.

> *Le système Hartz n'est pas incitatif, c'est un leurre. En analysant les chiffres, nous avons établi que pour 100 € de salaire, le travailleur perd 20% de ses aides, pour 800€ il en perd 80%.*

Le «minimum vital digne» estimé à... 374 euros.

A l'été 2010 il y avait 3,9 millions de chômeurs de longue durée, vivant exclusivement des allocations. Cette catégorie comprenait principalement des familles monoparentales et les séniors. C'est à la suite d'un jugement de la Cour constitutionnelle de Karlsruhe qui avait été consultée par des bénéficiaires de Hartz IV que celle-ci porta l'allocation à 359 €.

Les retraités Allemands contraints de retravailler

Ils distribuent des journaux, rangent les étagères dans les supermarchés, font des sondages par téléphones, portent des journaux à 5 heures du matin, travaillent comme portier la nuit..... Plus de 660 000 retraités Allemands travaillent à temps partiel pour compléter leur pension. Un nombre en hausse constante, la multiplication des mini-jobs et des faibles salaires donne un complément aux des retraites de misère. C'est comme en France, le nombre d'appels téléphoniques pour souscrire un abonnement, pour une association, sont devenus monnaie courante.

«Wolgang, 57 ans, sert des parts de gâteau à la cafétéria d'un centre de soins au cœur de Berlin. Cet homme est à la retraite depuis plus de deux ans. Après deux crises cardiaques, il a du cesser son activité de chauffeur. Mais impossible pour lui de passer ses journées entre mots croisés et jardinage».

En tant que retraité je touche 525 euros par mois. Je paye un loyer de 440 euros. Avec téléphone, le gaz, etc, il faut rajouter 150 euros. Et cela ne suffit pas. Il faut bien vivre de quelque chose c'est pour ça que je travaille ici !

Il travaille 20 heures par semaine dans ce centre pour 390 € par mois. Les contrats Hartz IV exonèrent l'employeur de charges sociales tant que le salaire n'excède pas 400 €/mois.

La paupérisation, n'a cessé de se développer dans tout le pays. Ces 660.000 retraités qui travaillent ne représenteraient que 3,3 % de personnes âges de plus de 65 ans. Seulement, ils sont de plus en plus nombreux, ils étaient 416.000 en 2.000, et leur nombre a augmenté de plus de 58 % en dix ans. Cette paupérisation est aussi la cause d'une forte augmentation du coût de la vie. **«Les prix ont augmenté dans beaucoup de domaines particulièrement importants pour les séniors, comme le chauffage ou la santé».**

Les pensions de l'assurance de retraite Allemande ont perdu 10% de leur valeur durant les dix dernières années.

La cause serait, la hausse des mini-jobs et des emplois à faible rémunération.

Toujours pas de salaire minimum.

Le vieillissement de la population des séniors particulièrement élevé en Allemagne, ne peut que conduire à accroître la paupérisation durant les vingt prochaines années. C'est la raison pour laquelle le gouvernement entend avec les représentants des retraités dialoguer pour un salaire minimal interprofessionnel.

Des salaires de misère ne peuvent entrainer que des retraites de misère.

Ceci amène la question, un pays économiquement fort est en situation de précarité au même titre que la France, l'Italie et d'autres c'est donc que l'Europe telle qu'elle est, telle que nos dirigeants depuis plusieurs décennies l'ont construite n'est pas bonne. La crise n'est pas seule en cause, ce qui l'est c'est la mondialisation qui a envahit nos pays par la liberté d'échanges commerciaux qui nous sont défavorables par nos coûts salariaux. Cette Europe n'a pas su se protéger des pays émergents et de ceux à bas coûts de main d'œuvre. Nos industriels pour vendre et pour leurs profits se sont tournés vers ces pays en favorisant leur développement par l'implantation de moyens industriels. Nous avons gardé notre savoir faire de haut niveau mais perdu tout ce qui touche à la consommation courante porteuse de richesse. Nous n'achetons plus Français, mais ce qui vient d'ailleurs, et nous contribuons de ce fait au développement de ces pays fabricants avec notre savoir faire. Nous contribuons à leur richesse mais à notre pauvreté, et cela durera jusqu'à ce qu'un équilibre s'instaure entre eux et nous. Nous aurons alors dégradé les conditions de vie pour beaucoup d'entre nous.

6 - François Mitterrand et ses heures noires,

Dans la guerre d'Algérie.

François Mitterrand homme politique par excellence, homme de lettres, homme ambitieux aussi, pour rassembler la gauche si divisée ne faut-il pas aussi de la volonté ? Et pour gagner la présidentielle de 1981 de la persévérance, une double tâche, qui nous montra un homme à multiples facettes qui, comme Charles de Gaulle, auquel il a souvent été comparé, malgré son opposition farouche, antigaulliste irréductible, passant de la IVème république à la Vème république, bien qu'il s'opposa à la nouvelle Constitution de toute son énergie. Chacun des deux présidents, sans aucune hésitation n'hésitèrent pas à dire tout et son contraire, hommes de paradoxes, Charles de Gaulle bradant l'Algérie après avoir clamé haut et fort, «**Je vous ai compris**», phrase devenue célèbre et prononcée le 04 juin 1958 au forum d'Alger, lieu du «putsch» du 13 mai 1958 mené par les généraux Raoul Salan, Edmond Jouhaud, Jean Gracieux, l'Amiral Auboyneau, avec l'appui de la 10 ème division parachutiste du général Massu et la complicité active des alliés de Jacques Soustelle, par le général de Gaulle vêtu de son uniforme, et puis à Mostaganem «**vive l'Algérie Française**», ainsi que les affiches de propagande insistant sur «10 millions de Français à part entière».

François Mitterrand une carrière ministérielle exceptionnelle 8 fois ministre dont deux d'État et ayant été au moment de la guerre d'Algérie, ministre de l'intérieur sous la présidence de Pierre Mendès-France, puis ministre Garde des Sceaux ministre d'État sous Guy Mollet ou il fut solidaire de l'envoi du contingent en Algérie le 23 mai 1956. Mais pouvait-il faire autrement dans le contexte de l'époque, les pieds-noirs réclamaient l'armée. Ils étaient plus d'un million représentant plus de 10 % de la population algérienne. Ce n'est pas une excuse que je lui fais, mais Pierre Mendès-France qui voulait faire l'indépendance de l'Algérie fut balayé par cette république des partis. Élu en 1981 à la présidence de la république sous le slogan «La force tranquille» sa première action après l'augmentation du SMIG et la suppression de la Cour de Sureté de l'État fut celle de l'abolition de la peine de mort qui lui reste collée à la peau comme l'œuvre de sa vie.

On peut se demander pourquoi, lui qui n'hésita pas pendant cette guerre d'Algérie, de donner un avis défavorable au recours en grâce des condamnés à mort du FLN dont les dossiers lui furent soumis. On est en droit de penser qu'il a voulu, par cette action, se laver des fautes contraires à sa morale d'alors, qu'il eut, quand il fût ministre de l'intérieur, de s'opposer à l'indépendance de l'Algérie, indépendance tant souhaitée par Pierre Mendès-France. En 1954, ses tentatives de muter le gouverneur général Léonard et le directeur de la Mosquée de Paris, puis d'augmenter le SMIG algérien, rencontrèrent l'hostilité des colons et de l'administration. Le 8 septembre 1954, François Mitterrand apprit qu'il fut l'objet d'une enquête de la part des services secrets Français, ainsi débuta ce qu'on appela l'Affaire des fuites (30) annexe 2 dont il fut blanchi.

Et puis, la fameuse affaire de l'Observatoire, ou des jardins de l'Observatoire, un attentat qui aurait été mené contre lui en 1959 et organisé par lui même ? Cette affaire sera à l'origine d'une controverse politique et juridique, François Mitterrand ayant été suspecté d'avoir lui-même commandité l'attentat dans le but de regagner les faveurs de l'opinion publique ?

Dans la nuit du 15 au 16 octobre 1959, après avoir pris un verre à la brasserie Lipp, François Mitterrand, décida de rentrer chez lui, rue Guynemer, vers minuit trente. Selon sa version, il suspecta une autre voiture de le suivre, arrêta sa 403 au niveau de l'avenue de l'Observatoire, et se réfugia derrière un buisson. Sa voiture fut alors criblée de balles. La police enquêta, sur la base de la plainte et de son témoignage. Une semaine plus tard, le 21 octobre, le journal Rivarol, journal d'extrême droite, publia un témoignage de Robert Pesquet ancien résistant, ancien député gaulliste, proche de l'extrême droite, qui déclara qu'il est l'auteur de ce qui serait un faux attentat, et qui aurait été commandité par François Mitterrand en personne, dans le but de regagner les faveurs de l'opinion publique ? Sept années plus tard, la loi d'amnistie initiée par le gouvernement de Georges Pompidou en 1966 permit de clore les poursuites. La justice conclut également la plainte initiale de François Mitterrand par un non-lieu. L'amnistie se déroula dans un climat tendu entre François Mitterrand et plusieurs de ses adversaires à droite, notamment Michel Debré, ancien Premier ministre. Persuadé que celui-ci est derrière l'affaire.

Le jour du vote de sa levée d'immunité, François Mitterrand tenta «un coup de bluff» en menaçant de rendre public des documents qui, selon lui, impliqueraient Michel Debré dans l'attentat au bazooka contre le général Salan en 1957, affaire toute aussi obscure. En fait Mitterrand enterrera l'affaire Debré qui enterrera l'affaire de l'Observatoire (31) annexe 2. Cette affaire causa un tord considérable à François Mitterrand, à son image, le doute d'une manipulation ? On est n'en est plus sûr (32) annexe   2.

Le 05 novembre 1954 devant la tribune de l'Assemblée alors que les premiers conflits éclatent, il clamait, «La rébellion Algérienne ne peut trouver qu'une forme terminale, la guerre», puis «l'Algérie c'est la France» (33) annexe 2. Le 12 novembre 1954, il s'écriait, les départements de l'Algérie sont des départements de la République Française. En trois jours tout fut mis en place. On a dit, «est-ce pour maintenir l'ordre ?». Non, pas seulement. C'est pour affirmer la force Française et marquer notre volonté... L'Algérie c'est la France !

M. MITTERRAND dans une déclaration radiodiffusée :
L'ALGÉRIE C'EST LA FRANCE ET LA FRANCE NE RECONNAITRA PAS CHEZ ELLE D'AUTRE AUTORITÉ QUE LA SIENNE

Référence, Politique net.

Et qui d'entre vous, Mesdames et Messieurs, hésiteraient à employer tous les moyens pour préserver la France ? Tout sera réuni pour que la force de la nation l'emporte en toute circonstance. C'est vers les leaders, vers les responsables qu'il faudra orienter notre rigoureuse répression, de François Mitterrand et l'Algérie ombres et lumières, (80) annexe 2, février 1996. Il complètera par, «je n'admets pas de négociations avec les ennemis de la Patrie, la seule négociation, c'est la guerre».

Toujours en novembre, le gouvernement annonça une forte augmentation des investissements sociaux en Algérie dans l'agriculture et l'éducation, et entendit préparer «l'égalité des citoyens, l'égalité des chances égales à tous ceux, quelle que soit leur origine, qui naissent sur le sol Algérien». François Mitterrand, autorisa alors Germaine Tillion, Grand Croix de la légion d'honneur qui combattra la torture en Algérie, à mener une enquête dans la zone d'insurrection, afin, entre autres, de signaler les éventuelles exactions policières.

En accord avec Pierre Mendès-France, il fusionna la police d'Alger avec celle de Paris. Les décrets du 20 janvier 1955, qui mettaient fin à l'autonomie de la police algérienne, contribuèrent à permettre la mutation de deux cents agents soupçonnés d'actes de torture ou de l'avoir encouragée. Parmi eux, le directeur des Renseignements généraux d'Alger. Les députés conservateurs en matière coloniale critiquèrent fermement cette décision. D'après François Mitterrand, la suppression de ce «système détestable» fut à l'origine de la chute du gouvernement Mendès-France, un mois plus tard (lettre à Pierre Mendès-France, 31 août 1959). Le sénateur Henri Borgeaud, porte-parole des pieds-noirs, avait ainsi menacé, «si vous fusionnez les polices, nous voterons contre votre gouvernement».

Vint ensuite le gouvernement Guy Mollet dont il est Garde des Sceaux. Sur la question Algérienne, il critiqua fermement (Mitterrand une histoire de Français par Jean Lacouture et Franz-Olivier Giesbert, François Mitterrand, une vie, chapitre 22, «La torture»), la dérive répressive qui suivit l'échec de la tentative de libéralisation, en février 1956. Toutefois, c'est lui qui fut chargé par le Conseil des ministres, de défendre le projet de loi remettant les pouvoirs spéciaux en matière de justice à l'armée concernant la torture.

Il donna son aval, en tant que Garde des Sceaux, aux nombreuses sentences de mort prononcées par les tribunaux d'Alger contre des militants de la lutte pour l'indépendance, notamment Fernand Yveton, membre du Parti Communiste Algérien, PCA, guillotiné à Alger le 11 février 1957. Jean Lacouture écrivit s'agissant de François Mitterrand,

«ma querelle à son égard est moins celle du cynisme que celle de l'Algérie, je ne lui pardonnerai jamais d'avoir été le ministre de la Justice qui a laissé guillotiner Fernand Yvetot et tant d'autres, et sa lâcheté de s'être défaussé sur les militaires pour faire «le sale boulot»».

L'accès au registre des grâces permit de mettre à jour, après des dérogations auprès de la Direction des Archives de France, que le 17 mars 1956 sous la signature de quatre ministres, dont François Mitterrand, les lois publiées au Journal officiel, qui sont les lois 56-228 et 56-229 qui permettaient de condamner à mort des membres du FLN qui sont pris les armes à la main. Mitterrand accepta, bien qu'avocat, d'endosser ce terrible texte,

«en Algérie, les autorités compétentes pourront ....ordonner la traduction directe, sans instruction préalable, **devant un tribunal permanent des forces armées** des individus pris en flagrant délit de participation à une action contre les personnes ou les biens ....si ces infractions sont susceptibles d'entraîner la peine capitale lorsqu'elles auront été commises». Du coup, le nombre des condamnations à mort va s'envoler. Il y en aura plus de 1. 500 durant ces «évènements». Car il ne s'agit pas d'une guerre et **on ne reconnut pas le statut de combattant aux militants du FLN.** Ils furent jugés comme des criminels.

Mais, à Alger, en ce printemps de 1956, on ne se contentait plus de mots. Et le 19 juin, les deux premiers «rebelles» furent conduits à l'échafaud.

Pierre Nicolaï, Directeur du cabinet de François Mitterrand, témoigna et écrivit, Sylvie Thénault historienne interrogée dans le cadre de sa thèse, que la décision d'exécuter fut une «décision politique» et qu'il lui fut demandé de choisir parmi les dossiers de recours en grâce un «type mêlant crapulerie et politique», «un type particulièrement épouvantable» pour «inaugurer la série des exécutions» sans déclencher trop de polémiques.

Le premier condamné, Abdelkader Ferradj, 35 ans, fut un goumier déserteur qui participa, au sein du commando Ali Khodja, à l'embuscade dressée contre un car de tourisme et deux voitures particulières le 25 février 1956. Six Européens furent tués, dont une petite fille de 7 ans, Françoise Challe.

Pour le «politique», il fut difficile de trouver martyr plus idéal à la révolution Algérienne que Mohamed Ben Zabana. Cet ouvrier soudeur de 30 ans fut un vieux routier des geôles françaises, dans lesquelles il passa trois années entre 1950 et 1953 pour ses activités nationalistes, extraits des guillotinés de Mitterrand, (34) annexe 2.

Sur 45 dossiers d'exécutés lors de son passage place Vendôme, François Mitterrand ne donna que sept avis favorables à la grâce, six autres avis étant manquants. A titre de comparaison, Robert Lacoste, ministre résident en Algérie, qui passait pour un homme très dur, fut plus clément, sur 27 de ces exécutions, il a émis 11 avis favorables au recours en grâce, les 7 autres avis ne figurant pas dans les dossiers.

Paroles de Jacques Attali, Mitterrand avait légalisé la torture, 07/05/2001 (35) annexe 2. C'est François Mitterrand qui en 1956 créa les conditions légales de la torture en Algérie. Cette information venait s'ajouter à la déclaration du général de brigade Aussarresses.

«Mitterrand considérait lui-même que c'était la seule erreur de sa vie», a précisé Attali, interrogé par Karl Zéro lors du Vrai Journal de Canal +. Une erreur dont l'évocation, entre autres équivoques politiques du disparu, va quelque peu ternir les commémorations de sa première élection à la présidence de la République, le 10 mai 1981. François Mitterrand, ministre de la Justice en 1956-57 dans le gouvernement de Guy Mollet, était à cette époque «pour l'Algérie Française», a rappelé Attali.

Chacune de ces exécutions va pourtant peser très lourd. Car le FLN a prévenu, si des condamnés à mort sont guillotinés, il y aura des représailles. Dans «Le temps des léopards» (36) annexe 2, deuxième des quatre tomes qui constituent «La guerre d'Algérie», bible sur cette période, Yves Courrière retrace ainsi la vengeance du FLN et les ordres donnés à ses différents chefs, «descendez n'importe quel Européen de 18 à 54 ans, pas de femmes, pas de vieux». En dix jours, 43 Européens furent tués ou blessés par les commandos du FLN.

L'escalade fut immédiate, bombes des ultras européens contre un bain maure rue de Thèbes qui tuera 70 musulmans, mais qui ne donnera lieu à aucune poursuite, bombes et assassinats du FLN, exécutions capitales à Oran, Constantine, Alger.

La guillotine s'emballe….

Mais François Mitterrand tint bon. Pourtant, dès le 22 mai 1956, Pierre Mendès France, en désaccord avec la politique algérienne de Guy Mollet, démissionna du gouvernement, Alain Savary claqua la porte le 22 octobre, au lendemain du détournement de l'avion qui transportait Ben Bella et quatre autres leaders du FLN de Rabat à Tunis. Le 7 janvier 1957, un autre pas fut franchi par le gouvernement auquel appartenait François Mitterrand. Il donna tous pouvoirs au général Massu et à sa 10ème division parachutistes pour briser le FLN d'Alger. Les militaires gagneront la «bataille d'Alger», mais on sut à quel prix, torture fut systématique avec plus de 3 000 exécutions sommaires.

La guillotine, elle s'emballe,

«Chiffre jamais atteint jusqu'ici, 16 exécutions capitales eurent lieu du 3 au 12 février», écrivit France-Observateur.

François Mitterrand était sous la responsabilité de Guy Mollet président du Conseil, la responsabilité est donc collective ce qui, ne retira rien à celle de Mitterrand qui, il faut bien l'écrire, ces faits marquèrent sa conscience d'une tâche impardonnable même s'il fît abolir la peine de mort comme une excuse à ces guillotinés d'État. Une tâche noire à la France que beaucoup ignoraient et dont le seul président de la république de gauche de la Vème, fut un des responsables.

Mais, il faut aussi relativiser, faire porter le chapeau à un seul homme fut-ce François Mitterrand est injuste, les pieds-noirs et la droite de l'époque voulaient la répression et écraser le FLN. Cela fait maintenant plus de 50 années, nous jugeons cela différemment, ce qui provoque notre indignation, mais à l'époque, qui s'est révolté, outre Pierre Mendès-France et Alain Savary ? François Mitterrand dut trainer tout le long de sa vie ces guillotinés mêmes s'ils étaient «légaux», quelle honte, comment vivre avec cette pensée qui doit se révéler à chaque instant à sa conscience. Et la question est, a-t-on le droit moral de guillotiner des hommes qui se battent pour l'indépendance de leur terre ? Les Allemands fusillaient nos résistants pendant la période du régime de 1940.

François Mitterrand dans la nostalgie du dernier monarque de Françoise Fressoz,(81) annexe 2, on peut lire François Mitterrand vient se rappeler au bon souvenir des Français, le dixième anniversaire de la mort de l'ancien président de la République, intervenue le 8 janvier 1996, suscite une profusion de témoignages et d'enquêtes d'opinion dont la tonalité générale est positive. Un sondage CSA paru dans libération le 02 janvier 2006 va même jusqu'à placer François Mitterrand à 35 % devant Charles de Gaulle 30 % au panthéon des meilleurs présidents de la Vème République.

7 - Philippe Pétain, maréchal de France,

Les derniers jours jusqu'à l'armistice.

Le 13 juin pendant que nous fuyons Paris dans l'après-midi le Gouverneur militaire de Paris, le général Héring,(44) annexe 2, fait placarder sur les murs de la capitale l'affiche suivante :

«Le général Héring, appelé au commandement d'une armée, remet le gouvernement militaire entre les mains du général Dentz (45) annexe 2. **Paris est déclaré ville ouverte.** Toutes mesures ont été prises pour assurer, en toutes circonstances, la sécurité et le ravitaillement des habitants».

Le discours du président de Paul Reynaud président du Conseil à la radio le 13 juin 1940

```
<code><iframe src="http://www.youtube.com/embed/JXiAAgNyLew" height="350" width="425" frameborder="0"></iframe></code>
```

Dans l'après-midi du jeudi 13 juin 1940 les troupes Allemandes arrivèrent à la lisière de Paris, à Aubervilliers et à Pantin. À 13 heures Winston Churchill atterrit sur l'aérodrome de Tours. Il n'est accueilli par personne, ce qui le met en rage !… Paul Reynaud, retenu au château de Chissay, a bien envoyé Paul Baudouin, (46) annexe 2 ministre Français des Affaires étrangères pour l'accueillir sur l'aérodrome de Tours, mais il fut hélas fortement retardé par une panne de voiture… Winston Churchill et sa suite déjeunèrent fort mal paraît-il… au Grand Hôtel de Tours. Paul Baudouin le rejoignit au milieu du repas. Après le déjeuner, Paul Baudouin conduisit Churchill et sa suite non, au château de Cangé où l'attendent le Président de la République Albert Lebrun les ministres et le général Weygand, mais à la préfecture d'Indre-et-Loire où s'installait provisoirement Georges Mandel, le Ministre de l'Intérieur.

«Nous venons d'assister le 24/01/11 à un téléfim sur France 5 «Le dernier été», un certain Claude Mandel de Claude Goreta, Claude Mandel ou l'homme qui disait non. Non à la médiocrité de sa classe sociale, la grande bourgeoisie, non à la lâcheté de sa caste parlementaire, la droite fascinée par le fascisme, non aux «capitulards» de l'esprit munichois, non à la défaite, non à Pétain. Retraçant ce que fut Georges Mandel dans son affrontement avec Pétain quand il lui fît écrire, sous sa dictée, l'aveu qu'il s'est trompé en le faisant emprisonner sur la base de fausses accusations, cet acte sera son arrêt de mort, il fut assassiné par la milice pétainiste en forêt de Fontainebleau en 1944».

Dans ses Mémoires Churchill l'a ainsi décrit, «cet ancien et fidèle secrétaire de Clemenceau semblait être dans les meilleures dispositions d'esprit. C'était l'énergie et le défi personnifiés.

L'appétissant poulet qu'on lui avait servi pour déjeuner était toujours devant lui, intact sur le plateau. Mandel était comme un rayon de soleil. Un téléphone dans chaque main, il ne cessait de donner des ordres, de prendre des décisions».

Paul Reynaud arrive alors à la préfecture de Tours.

Le Conseil des ministres se réunit au château de Nitray pour prendre la décision sur la conduite à tenir. Au cours de la réunion, le maréchal Pétain dans l'émotion générale lit une courte note reconnaissant que l'armistice s'imposait comme seule solution possible.

A 15h30 commença une conférence Franco-britannique avec Paul Reynaud et Paul Baudouin comme seuls représentants des ministres Français, depuis 15 heures, Albert Lebrun, les autres ministres et le général Weygand attendaient Churchill et Reynaud au château de Gangé. La conférence prit fin à 17h20, il déclara en sortant de la pièce en voyant le général de Gaulle, «Ah ! Voici le connétable de France… ». Il s'envola peu après à l'aérodrome de Tours, sans même avoir été informé, par qui que ce soit, qu'on l'attendait au château de Cangé pour un Conseil des ministres Franco-britannique… Churchill ne remettra les pieds sur le sol Français qu'en juin 1944…

Paul Reynaud, accompagné de Paul Baudouin et de Georges Mandel arrivèrent enfin au château de Cangé à 18 heures, où le président de la République, les ministres, et le général Weygand les attendaient depuis trois heures !!!… Ils sont tous très furieux d'apprendre que Churchill fut reparti sans les rencontrer… Et en plus Paul Reynaud fit un compte rendu très tronqué de sa rencontre avec les ministres Anglais…

Le vendredi 14 juin 1940, aux premières heures du jour, les régiments de la XVIIIème armée Allemande, et Von Kuchler (47) annexe 2, firent leur entrée dans Paris… Ils défilèrent rapidement sur les Champs Elysées…

Source SHD.

Le 14 juin 1940, les troupes Allemandes défilent sur les Champs Élysées à Paris.

Dans l'après-midi le gouvernement Français quitta Tours pour Bordeaux, via Parthenay, Saint-Maixent, Saint-Jean-d'Angély et Saintes, par des routes très encombrées par des civils qui fuyaient l'avance Allemande... C'est en début de soirée que le gouvernement s'installa à Bordeaux.

Le samedi 15 juin 1940, à 16 heures se réunit, sous la présidence d'Albert Lebrun, le premier Conseil des ministres à la préfecture de Bordeaux. L'affrontement entre les partisans de l'Armistice, avec à leur tête le maréchal Pétain et Camille Chautemps, et ceux de la lutte à outrance devint de plus en plus vif... Le gouvernement va être amené à se prononcer entre deux solutions,

La solution Pétain-Weygand, soutenue par Pierre Laval et l'amiral Darlan,

La solution Reynaud de Gaulle consistant à transporter la résistance en Afrique du Nord.

Cette dernière solution, comme celle du réduit Breton (48) annexe 2, qui fut envisagée un moment n'eut qu'un inconvénient c'est d'être irréalisable, propos du général Hering, «La vie exemplaire de Philippe Pétain» (49) annexe 2.

Le général Hering, j'ai donné ma réponse au général de Gaulle, parue dans le numéro 289 de la Revue Paris Match parue le 30 octobre- 6 novembre 1954.

«Les Allemands opérant avec des avant-gardes motorisées auraient atteints la Méditerranée avant nous. Grâce à leur supériorité écrasante en aviation, ils auraient coulé la flotte de transport, en supposant que l'on ait pu réunir cette flotte, alors que les Britanniques nous refusaient leur aide, avant même l'embarquement des troupes. Si l'on admet qu'une partie des forces Françaises aient pu atteindre l'Afrique du Nord, elle aurait été incapable de faire face à une attaque Allemande par l'Espagne, attendu que du fait des prélèvements qu'on avait dû faire sur nos garnisons, et nos établissements au profit de l'armée Métropolitaine, l'Afrique du Nord se trouvait démunie de troupes et de moyens de ravitaillement».

Sans l'armistice, quel eût été le sort des 40 millions de Français livrés à l'envahisseur?

Paul Reynaud trop engagé par ses déclarations précédentes n'avait plus que la ressource de démissionner. Avant de quitter son poste, il conseilla à Albert Lebrun président de la république de faire appel au maréchal Pétain, tiré du livre La vie exemplaire de Philippe Pétain du général Hering.

Paul Reynaud déclarera cinq ans plus tard lors du procès du maréchal Pétain à propos de ce Conseil des ministres,

«mon impression fut telle que je pris une feuille de papier que je divisais en deux par la hauteur. J'inscrivis à droite les noms de ceux qui parlaient pour la proposition Chautemps, demander aux Allemands quelles seraient les conditions d'un armistice, et à gauche, ceux qui parlaient dans mon sens. Il y avait treize noms à droite pour la proposition Chautemps, et six à gauche pour la mienne».

Alors Paul Reynaud se tourna vers le Président de la République, Albert Lebrun, «il ne me reste qu'à vous donner la démission de mon gouvernement». Albert Lebrun refusa, et finalement Paul Reynaud accepta de ne pas encore démissionner... Ce conseil des ministres prit fin à 19 h55. Paul Reynaud, sitôt sorti de la salle où se tenait le Conseil, s'adressa au général Weygand et lui ordonna de demander la capitulation de l'armée Française !!! Le général Weygand refusa en lui répondant sèchement qu'il se refusera toujours à signer la capitulation de l'armée Française.

C'est au gouvernement, qui a déclaré la guerre de prendre ses responsabilités et de demander l'armistice !... Entre temps, à 16h30 le général de Gaulle quitta Brest à bord du contre-torpilleur Milan, mis à sa disposition par la marine nationale Française. Le Milan accosta à Plymouth à 22 heures. Le général de Gaulle monta dans la voiture qui l'attendait et qui arrivera à Londres le dimanche 16 juin 1940 au lever du jour. Ce dimanche 16 juin 1940 ne verra pas moins de trois Conseils des ministres se tenir à la préfecture de la Gironde. Peu à peu Paul Reynaud va perdre pied face aux partisans de l'Armistice et finalement jeter l'éponge dans la soirée.

Cette journée sera sans doute la plus dramatique de toute l'histoire de France.

De Gaulle est donc parti en Grande-Bretagne sur l'accord du Conseil des ministres organiser la résistance Française, à l'abri des difficultés de l'occupation Allemande et des Français, elle ne pouvait être organisée au début sur le sol national, c'était la débandade.

Le 16 mai à 22 heures, Philippe Pétain fut nommé président du Conseil. Il adressa aussitôt un message radio au Haut commandement Allemand pour demander un armistice. Puis, il s'adressa au peuple Français,

je me suis adressé cette nuit à l'adversaire pour lui demander s'il était près à chercher avec nous entre soldats, après la lutte et dans l'honneur les moyens de mettre un terme aux hostilités. Que tous les Français se regroupent autour de gouvernement que je préside pendant ces dures épreuves et fassent taire leur angoisse pour n'écouter que leur foi dans le destin de leur patrie.

L'Appel du 18 juin (50) annexe 2, est le premier discours prononcé par le général de Gaulle à la radio de Londres, sur les ondes de la BBC, dans lequel il appela à ne pas cesser le combat contre l'Allemagne nazie et dans lequel il prédit la mondialisation de la guerre. Ce discours, très peu entendu sur le moment mais publié dans la presse Française le lendemain et diffusé par des radios étrangères, fut considéré comme le texte fondateur de la Résistance Française, dont il demeure le symbole.

Le 19 mai, arriva la réponse Allemande demandant l'envoi d'une délégation en vue de l'armistice. Cette délégation, sous la présidence du général Huntziger se mit en route le 20. Retardée par divers incidents dus au fait qu'à la même date les Allemands franchirent la Loire, elle prit contact avec les Représentants du Haut commandement Allemand le 21.

Ce long intervalle de temps permit à l'armée Allemande de faire prisonniers 1,5 millions de soldats Français.

Le gouvernement Philippe Pétain, constitué à Bordeaux le 17 juin, et le Parlement s'installèrent le premier juillet à Vichy.

Le 21 juin 1940, vingt-sept députés, dont Pierre-Mendès France, Édouard Daladier parti radical et président du Conseil, Georges Mandel et Jean Zay (15) annexe 2, accompagnés de quelques personnalités comme Edouard Herriot et Louis Marin député ou familiers, s'embarquèrent du port du Verdon en aval de Bordeaux sur le Massilia (17) annexe 2, qui appareilla le 21 juin. Ils arrivèrent après la signature de l'armistice le 24 juin à Casablanca.

À leur arrivée, une foule hostile les attendaient sur les quais et les passagers furent consignés dans un grand hôtel de Casablanca par le Résident général Noguès, (51) annexe 2, suite à un contre-ordre de l'Amiral Darlan (52) annexe 2. Ceux qui étaient considérés mobilisés comme officiers, Pierre Mendès France, Pierre Viénot député, Alex Wiltzer député, et Jean Zay, furent arrêtés le 31 août 1940 à Casablanca, rapatriés en métropole et traduits devant le Tribunal militaire de Clermont-Ferrand pour «désertion devant l'ennemi» et trois d'entre eux furent condamnés le 4 octobre 1940 à des peines de prison et à dix ans de privation de droits civils. D'autres, comme Édouard Daladier et Georges Mandel, furent accusés d'être responsables de la défaite et jugés avec d'autres officiers comme le général Maurice Gamelin au cours du Procès de Riom en 1942 (53) annexe 2. Ces décisions furent annulées en 1946. Ils furent tout de même incarcérés arbitrairement au Fort du Portalet (54) annexe 2. Ils seront enlevés par les Allemands plus tard, et ne seront pas remis à la France, malgré les protestations officielles du maréchal Pétain pour qui cette «affaire» était du ressort de l'État Français et non de l'occupant.

Le 22 l'armistice fut conclu avec l'Allemagne nazie dans la clairière de Rethondes, dans le wagon de l'Armistice, celui-là même qui avait servi de cadre à l'armistice de la Première Guerre mondiale et devant le monument qui parlait de l'«orgueil criminel de l'Empire allemand vaincu par les peuples qu'il voulait asservir». Hitler fait ensuite filmer l'explosion du monument. Quant au wagon il fut envoyé à Berlin et exposé avant d'être détruit en 1945. Hitler entendait ainsi effacer la défaite de la Première Guerre mondiale et humilier la France.

Le 24 juin 1940, la France dut aussi signer un armistice avec l'Italie qui avait tenté d'envahir les Alpes de son côté, sans réussir à dépasser les zones frontalières en Savoie et à Menton. La mise en application de l'armistice Franco-allemande était conditionnée, selon l'article 23 de cette convention d'armistice par la signature de l'armistice Franco-italien. Les deux armistices entrèrent en application 6 heures après la signature du deuxième armistice, soit le 25 juin 1940 à 0 heure 35.

Le discours du 25 juin 1940, Pétain qui annonce aux Français les conditions de l'armistice.

Français,

«je m'adresse aujourd'hui à vous, Français de la métropole et Français d'outre-mer, pour vous expliquer les motifs des deux armistices conclus, le premier avec l'Allemagne il a trois jours, le second avec l'Italie. Ce qu'il faut d'abord souligner, c'est l'illusion profonde que la France et ses alliés se sont faite sur la véritable force militaire et sur l'efficacité de l'arme économique : liberté des mers, blocus, ressources dont ils pouvaient disposer. Pas plus aujourd'hui qu'hier on ne gagne une guerre uniquement avec de l'or et des matières premières. La victoire dépend des effectifs, du matériel et des conditions de leur emploi. Les événements ont prouvé que l'Allemagne possédait, en mai 1940, dans ce domaine, une écrasante supériorité à laquelle nous ne pouvions plus opposer, quand la bataille s'est engagée, que des mots d'encouragement et d'espoir.

La bataille des Flandres s'est terminée par la capitulation de l'armée Belge en rase campagne et l'encerclement des divisions Anglaises et Françaises. Ces dernières se sont battues bravement. Elles formaient l'élite de notre armée, malgré leur valeur, elles n'ont pu sauver une partie de leurs effectifs qu'en abandonnant leur matériel. Une deuxième bataille s'est livrée sur l'Aisne et sur la Somme. Pour tenir cette ligne, soixante divisions Françaises, sans fortifications, presque sans chars, ont lutté contre cent cinquante divisions d'infanterie et onze divisions cuirassées Allemandes. L'ennemi, en quelques jours, a rompu notre dispositif, divisé nos troupes en quatre tronçons et envahi la majeure partie du sol Français. La guerre était déjà gagnée virtuellement par l'Allemagne lorsque l'Italie est entrée en campagne, créant contre la France un nouveau front en face duquel notre armée des Alpes a résisté.

L'exode des réfugiés a pris, dès lors, des proportions inouïes. Dix millions de Français, rejoignant un million et demi de Belges, se sont précipités vers l'arrière de notre front, dans des conditions de désordre et de misères indescriptibles. A partir du 15 juin, l'ennemi, franchissant la Loire, se répandait a son tour sur le reste de la France. Devant une telle épreuve, la résistance armée devait cesser. Le Gouvernement était acculé à l'une de ces deux décisions : soit demeurer sur place, soit prendre la mer. Il en a délibéré et s'est résolu à rester en France, pour maintenir l'unité de notre peuple et le représenter en face de l'adversaire. Il a estimé qu'en de telles circonstances, son devoir était d'obtenir un armistice acceptable, en faisant appel chez l'adversaire au sens de l'honneur et de la raison.

L'armistice est conclu. Le combat a pris fin. En ce jour de deuil national, ma pensée va à tous les morts, à tous ceux que la guerre a meurtris dans leurs chairs et dans leurs affections. Leur sacrifice a maintenu haut et pur le drapeau de la France. Qu'ils demeurent dans nos mémoires et dans nos cœurs. Les conditions auxquelles nous avons dû souscrire sont sévères. Une grande partie de notre territoire va être temporairement occupée. Dans tout le Nord, et dans tout l'Ouest de notre pays, depuis le lac de Genève jusqu'à Tours, puis, le long de la côte, de Tours aux Pyrénées, l'Allemagne tiendra garnison.

Nos armées devront être démobilisées, notre matériel remis à l'adversaire, nos fortifications rasées, notre flotte désarmée dans nos ports. En Méditerranée, des bases navales seront démilitarisées. Du moins l'honneur est-il sauf. Nul ne fera usage de nos avions et de notre flotte. Nous gardons les unités navales et terrestres nécessaires au maintien de l'ordre dans la métropole et dans nos colonies, le gouvernement reste libre, la France ne sera administrée que par des Français. Vous étiez prêts à continuer la lutte. Je le savais. La guerre était perdue dans la métropole. Fallait-il la prolonger dans les colonies ? Je ne serais pas digne de rester à votre tête si j'avais accepté de répandre le sang des Français pour prolonger le rêve de quelques Français mal instruits des conditions de la lutte.

Je n'ai placé hors du sol de France ni ma personne ni mon espoir. Je n'ai jamais été moins soucieux de nos colonies que de la métropole. L'armistice sauvegarde le lien qui l'unit à elles ; la France a le droit de compter sur leur loyauté. C'est vers l'avenir que désormais nous devons tourner nos efforts. Un ordre nouveau commence. Vous serez bientôt rendus à vos foyers. Certains auront à les reconstruire. Vous avez souffert, vous souffrirez encore. Beaucoup d'entre vous ne retrouveront pas leur métier ou leur maison. Votre vie sera dure. Ce n'est pas moi qui vous bernerai par des paroles trompeuses. Je hais les mensonges qui vous ont fait tant de mal. La terre, elle, ne ment pas. Elle demeure votre recours. Elle est la patrie elle-même. Un champ qui tombe en friche, c'est une portion de France qui meurt. Une jachère à nouveau emblavée, c'est une portion de la France qui renaît.

N'espérez pas trop de l'État. Il ne peut donner que ce qu'il reçoit. Comptez, pour le présent, sur vous mêmes et, pour l'avenir, sur vos enfants que vous aurez élevés dans le sentiment du devoir. Nous avons à restaurer la France. Montrez-la au monde qui l'observe, à l'adversaire qui l'occupe, dans tout son calme, tout son labeur et toute sa dignité. Notre défaite est venue de nos relâchements. L'esprit de jouissance détruit ce que l'esprit de sacrifice a édifié. C'est à un redressement intellectuel et moral que, d'abord, je vous convie. Français, vous l'accomplirez et vous verrez, je vous le jure, une France neuve sortir de votre ferveur».

Les Allemands poursuivent leur avancée militaire jusqu'au 24 juin 1940 minuit ce qui fit que les deux tiers de la France furent envahis ainsi que les îles Anglo-Normandes britanniques. Après la catastrophe, et malgré la signature des armistices, les soldats de la ligne Maginot poursuivirent la lutte, estimant n'avoir pas été vaincus, et pour certains jusqu'à la mi-juillet. L'armée des Alpes n'a de son côté pas failli, en repoussant assez facilement tous les assauts de l'armée Italienne jusqu'aux derniers jours de combat.

La plus grande partie de la France fut occupée par les troupes Allemandes, le pays fut divisé en une zone occupée et administrée militairement par l'Allemagne, Nord, Ouest et Sud-ouest, et en une zone libre, Centre et Sud. Le gouvernement à Vichy du maréchal Pétain administra l'ensemble du territoire Français et l'Empire.

8 - Philippe Pétain, maréchal de France, ses années noires de 1940 à 1944,

Le régime de 1940.

Avant propos.

Ce régime a été dénommé «Régime de Vichy» par ce qu'il fût installé dans la ville de Vichy. Cette ville fut choisie par ce qu'elle possédait des structures d'accueil importantes en hôtels et villas, et de plus, étant une ville à la fois historique et moderne par ses activités touristiques et de cures thermales, avec un central téléphonique important. Se trouvant en zone libre elle répondait pleinement à la condition pour accueillir un gouvernement dirigé par des Français. Depuis que les historiens, les femmes et hommes politiques, les livres d'histoire et tous les médias dénomment «Régime de Vichy» ou moins souvent «gouvernement de Vichy» le régime pétainiste évoquant cette triste période de l'occupation Allemande ou Paul Reynaud installa son gouvernement du 10 juin 1940 au 20 août 1944 en zone libre jusqu'en novembre 1942, qui ensuite, repris pas Pétain, nombreux sont les vichyssois qui essayent de faire modifier cette dénomination qu'ils trouvent discriminatoire affectant à leur belle ville le lourd fardeau de ce gouvernement collaborationniste.

Pour donner un caractère légal à ce fait, le député de l'Allier Gérard Charasse que j'eus l'honneur de rencontrer associé à des personnalités de tout bord parmi lesquelles Messieurs Paul Giacobbi, Noël Mamère, Emile Zuccarelli ... essayent par une proposition de loi n° 729 enregistrée à la Présidence de l'Assemblée nationale le 26 mars 200313 février 2003 qui vise à substituer, dans les communications publiques invoquant la période de l'État français, aux références à la ville de Vichy, l'appellation «dictature de Pétain».

Vichy n'est pas le siège d'un gouvernement traitre à la Patrie mais la Reine des Villes d'Eaux

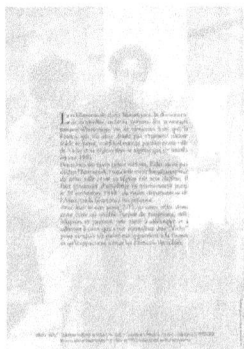

L'exposé des motifs est le suivant,

Depuis plus de cinquante années, diverses appellations utilisant le nom de la ville de Vichy servent à désigner le régime de l'État français né du vote du 10 juillet 1940. Tandis que, d'années en années, l'opposition des quatre-vingts parlementaires ayant voulu défendre la République reçoit un hommage grandissant, l'utilisation du nom de la ville de Vichy dans un sens négatif s'étend, allant jusqu'à prendre des formes substantivées censées désigner la trahison ou l'esprit de capitulation. Or, après l'appel du 18 juin du général de Gaulle, cette ville a accueilli le deuxième acte de résistance, celui des quatre-vingts parlementaires qui ont refusé d'installer un régime d'exception et xénophobe. Afin que ce second événement prenne le pas dans l'expression, comme il l'a pris dans l'Histoire, sur la seule installation du régime de l'État français à Vichy, il convient d'inciter, dans les textes d'origine privée, et d'obliger, dans les textes officiels, la substitution d'une dénomination de nature à rappeler le mode d'avènement de ce régime et son caractère autocratique à celles se référant à la ville de Vichy. Les travaux menés depuis plusieurs années par le Comité en l'honneur des quatre-vingts parlementaires du 10 juillet 1940, avec des historiens, des parlementaires et des citoyens, a permis de proposer l'appellation «dictature de Pétain».

La suite argumentaire du député Gérard Charasse qui me fut présenté par le journaliste Dominique Dutilloy peut être consultée ci dessous,

Argumentaire-présenté-par-lejournaliste-Dominiquedutilloy-qui   œuvre-depuis-toujours-contre-cette-dénomination-regime-de-vichy. 1294832703. doc.

Afin de ménager les susceptibilités d'autant plus que, d'une part la proposition de Gérard Charasse n'est pas encore adoptée, et que d'autre part, Philippe Pétain a obtenu les pleins pouvoirs d'une façon démocratique je préfère utiliser la dénomination **Régime de 1940** au lieu de Régime de Vichy.

Dans le gouvernement de Paul Reynaud du 21 mars au 16 juin 1940 Philippe Pétain est vice président du Conseil à partir du 18 mai. C'est à l'issue de la réunion à Bordeaux le 16 juin que Paul Reynaud président du Conseil présenta sa démission au président de la république Albert Lebrun, la France n'eut plus de gouvernement. Paul Reynaud proposa Philippe Pétain pour lui succéder et se déclara prêt à partir comme ambassadeur   aux   États-Unis.

C'est dans l'après midi du 16 juin que Paul Reynaud réunit le gouvernement pour lui soumettre le projet d'union des nations Française et Britannique, conçu par Jean Monnet (56) annexe 2, et que le gouvernement de Churchill venait d'accepter à Londres, où se trouvait le général de Gaulle.

Mais il est refusé par une majorité des présents, et à la place est acceptée la proposition de Camille Chautemps consistant à demander, à l'Allemagne, ses conditions pour un armistice.

C'est dans l'opéra du grand casino de Vichy que se réunit l'Assemblée nationale dans sa séance du mercredi 10 juillet 1940 (57) annexe 2, qui donna, sur proposition de Pierre Laval, vice président du Conseil, le dépôt du projet de loi constitutionnelle suivant :

L'Assemblée nationale donne tous pouvoirs au Gouvernement de la République, sous l'autorité et la signature du maréchal Pétain, à l'effet de promulguer par un ou plusieurs actes une nouvelle constitution de l'État français.

Cette constitution devra garantir les droits du travail, de la famille et de la patrie.

«Elle sera ratifiée par la nation et appliquée par les Assemblées qu'elle aura créées».

A la reprise de la séance présidée par Jules Jeanneney (59) annexe 2, après délibérations le résultat du dépouillement du scrutin sur l'article unique du projet de loi constitutionnelle :

Nombre des votants.......................649

Majorité absolue...........................325

Pour l'adoption.............................569

Contre.. 80

L'Assemblée nationale a adopté. (Applaudissements.)

M. Pierre Laval, vice-président du conseil. Je voudrais dire un simple mot monsieur le   président.
M. le président. La parole est à M. le vice-président du conseil.
M. Pierre Laval, vice-président du conseil. Messieurs, au nom du maréchal Pétain, je vous remercie pour la France ! (Vifs applaudissements.)
M. Marcel Astier, parti radical .

Vive la République quand même !

Il s'engagea dans la résistance et reconstitua dans la clandestinité le parti radical ardéchois, il rejoignit Londres en 1943.

La liste des noms des parlementaires qui ont voté pour, ainsi que ceux qui ont voté contre, est donné dans la référence dans **les annales de l'Assemblée nationale, annexe au procès verbal de la séance du mercredi 10 juillet 1940.**

Ce texte législatif ne fut pas voté dans les formes prévues par les lois Constitutionnelles de 1875 (59) annexe 2, organisant les institutions de la Troisième République, (60) annexe 2 sa régularité est sujette à caution, mais il mit fin, de fait, à la forme républicaine du gouvernement de la France.

Nous entrons dans un régime dictatorial ou la république Française n'a plus rien à voir.

La nouvelle Constitution (61) annexe 2, rédigée par le maréchal Pétain, ne fut jamais promulguée, le chef de l'État n'édictant que 12 actes constitutionnels, pris entre 1940 et 1942 sur la base de la loi Constitutionnelle de 1940 (62) annexe 2, pour organiser provisoirement le régime de l'État français. Le projet de Constitution prévoyait de conserver pour le chef de l'État le titre de président de la République.

Pétain, à l'époque avait 84 ans et sa santé était très bonne, et c'est par devoir et uniquement qu'il va accepter la tâche écrasante de succéder à Paul Reynaud.

Nouveau président Philippe Pétain déclara le 17 juillet 1940, «je fais à la France don de ma personne pour atténuer son malheur». Il venait de demander à l'Allemagne nazie les conditions d'un armistice. Dans son message aux Français du 25 juin, il annonça un ordre nouveau qui commence.

Voici ce qu'écrit le général Hering pour répondre à l'accusation d'ambition sénile formulée par le général de Gaulle lors du procès de Philippe Pétain devant la Haute Cour,

«quand je me suis présenté à la villa Sévigné le lendemain du jour ou l'Assemblée nationale venait de conférer à celui qu'elle considérait comme le sauveur de la France le titre de chef de l'Etat avec les pleins pouvoirs, j'ai demandé au maréchal, peut-on vous féliciter ? A titre de martyr seulement m'a-t-il répondu sans cacher son émotion», dans Réponse à Charles de Gaulle (63) annexe 2, par le général Hering.

Ce qu'il faut noter que, pas un seul parlementaire n'a voulu assumer la lourde tâche de diriger le pays dans cette période difficile, et qu'ils s'étaient libérés, de la donner, à un homme de 84 ans fut-il en bonne santé et possédant un si glorieux passé.

Une telle attitude est ce qui s'appelle une lâcheté lorsque l'on est un élu du peuple. Quand aux 80 parlementaires qui ont refusé l'investiture de Pétain ce n'est pas mieux dès lors que l'on ne propose rien de cohérent. Il est très aisé de dire non et d'en tirer une gloire, seulement les Français que devenaient-ils ? À cette époque nous étions perdus, nous ne savions pas ce qui pouvait nous arriver et nous ne pouvions aller ailleurs comme de nombreux parlementaires l'ont fait. Une fois que nous avons su que Pétain était notre président, ce fut un soupir de soulagement, il avait le peuple pour lui, ce fut un vrai plébiscite.

Je n'écrirais pas comme Charles Maurras (64) annexe 2, avec le même esprit nationaliste que Pétain fût l'homme providentiel, il fût celui qui, a mes yeux, se sacrifia par ce que les autres ont fui la responsabilité de leur fonction.

Je ne reprends pas les thèses du Front national mais, il faut bien se rendre à l'évidence que donner les pleins pouvoirs à Pétain qui est déjà un homme très âgé même avec toute sa tête étaient de la part des parlementaires, une lâcheté.

En dehors de mon sentiment personnel qui n'a aucune portée eu égard aux historiens Eric Conan et Henry Rousso, il est inexact de soutenir que ce serait «la Chambre du Front populaire» qui aurait accordé les «pleins pouvoirs» en raison, d'une part, de l'évolution politique advenue depuis 1936 et d'autre part, de la présence des sénateurs, 212 «pour» sur les 235 votants, et enfin de l'absence de nombreux parlementaires,

«il faut rejeter le dire selon lequel c'est «la chambre du Front populaire» qui a sabordé la République, cliché véhiculé depuis longtemps par l'extrême-droite pour dédouaner le régime pétainiste et repris récemment par ceux qui affirment que les «crimes de Pétain» doivent être assumés par la République, celle-ci ayant eu sa part dans l'avènement du nouveau régime.

Cette assertion, souvent répétée au cours des polémiques de 1992, est inexacte, même si elle recèle une part de vérité dans la mesure où il n'y eut pas d'élection législative entre le 5 mai 1936 et le 10 juillet 1940. Elle sous-estime d'abord l'évolution politique entre 1936 et 1940, la fragilité de la coalition des radicaux, des socialistes et des communistes ou encore les fractures engendrées en 1938 par la crise de Munich (65) annexe 2.

Surtout, elle fait fi de la présence, au casino de Vichy, de 245 sénateurs qui, pour le moins, n'avaient guère été favorables, dans leur immense majorité, au Front populaire, puisque c'est le Sénat qui fit chuter le premier gouvernement Blum. Les élections législatives d'avril 1936 voient la victoire du Front populaire et débouchent sur le premier gouvernement à dominante socialiste de la IIIème République. Léon Blum devint président du Conseil à partir du mois de juin. Il «ne se chargea d'aucune responsabilité particulière pour se consacrer tout entier à la direction du gouvernement». Le gouvernement fut composé seulement de socialistes, et de radicaux, les communistes le soutenant de l'extérieur. Ensuite, il faut rappeler que, sur un effectif de 907 députés et sénateurs en 1939, seuls 670 étaient présents à Vichy».

Selon Jean-Pierre Azéma et Olivier Wieviorka

«on affirme régulièrement que la République a été bradée par la chambre du Front populaire. Il faut apporter deux correctifs à cette assertion le plus souvent malveillante, tout comme les parlementaires du Massilia, le paquebot de ligne réquisitionné par le gouvernement Paul Reynaud, replié en juin 1940 à Bordeaux, les députés communistes étaient absents, exclus à la suite du pacte germano-soviétique, et surtout, l'Assemblée nationale comprenait les sénateurs qui, par deux fois, avaient fait tomber Blum».

Une critique de ces analyses est exposée par Simon Esptein, économiste et historien israélien,

«Le groupe qui domine le Sénat est en effet le Parti Radical, et celui-ci fait intégralement partie de la coalition du Front Populaire. Le Sénat ajoute donc de très nombreux radicaux aux députés élus en 1936. La réalité est, on le sait, moins exaltante, 36 parlementaires de la SFIO votent contre Pétain, mais 90 parlementaires de la même SFIO votent pour le même Pétain. Dans leur grande majorité, 90 contre 36, les socialistes ont votés, comme les autres, comme l'ensemble des antifascistes du Front Populaire, comme les partis du centre et de droite, la fin de la République».

Concernant l'attitude des parlementaires issus du Front populaire,

Léon Blum a eu ce commentaire, «tel camarade qui, à mon entrée dans la salle, s'était précipité vers moi la main tendue, m'évitait visiblement au bout d'une heure. De moment en moment, je me voyais plus seul, je me sentais plus suspect. Il ne surnageait plus que quelques débris intacts à la surface de la cuve dissolvante. Le sentiment cruel de ma solitude ne m'avait pas trompé, j'avais bien eu raison de me juger désormais comme un étranger, comme un suspect au sein de mon propre parti».

Vincent Auriol eut ce commentaire,

«voici Léon Blum. Quelques rares et fidèles amis autour de lui. Où sont les 175 parlementaires socialistes ? Quelques-uns sans doute n'ont pu venir... mais les autres ? Sur 150 députés et 17 sénateurs socialistes nous ne sommes que trente-six fidèles à la glorieuse et pure mémoire de Édouard Vaillant, de Jules Guesde, et de Jean Jaurès».

En ce qui concerne les députés communistes, 61 parlementaires communistes, 60 députés et un sénateur ne peuvent siéger, depuis le 16 janvier 1940, ils sont déchus de leur mandat à la suite du pacte germano-soviétique et du décret-loi d'Édouard Daladier du 26 septembre 1939 interdisant le Parti communiste. Simon Esptein avance l'analyse suivante,

«les communistes ayant dénoncé le pacte germano-soviétique sont là et ils votent en majorité pour Pétain. Quant aux autres, ceux qui sont restés fidèles à la nouvelle ligne du parti, ils soutiennent le pacte et sont en phase défaitiste révolutionnaire aiguë, ils sont hostiles à tout effort de résistance nationale ce n'est certainement pas sur eux, en juillet 1940, qu'on pouvait compter pour défendre une République dont ils dénonçaient, depuis l'automne 1939, le caractère impérialiste, belliciste et bourgeois».

Concernant l'origine des opposants, Simon Epstein cite Daniel Mayer, «Les socialistes représentaient un pourcentage relativement important du total des opposants dira Daniel Mayer, mais il précisera aussitôt, dans la même phrase, qu'il s'agissait d'un pourcentage infime en face de la composition du parti socialiste», ainsi que Vincent Auriol, «Les 80 opposants appartiennent à toutes les tendances politiques du Parlement et du pays. Tous les partis ont leurs renégats et leurs traîtres». Parmi ceux qui votèrent non, Vincent Badie, avocat député radical-socialiste, qui s'opposa à la disparition du régime républicain, quittant la salle, est célèbre pour s'être écrié après le vote du 10 juillet 1940,

«Vive la République quand même !».

Il entra dans la résistance et fut arrêté et déporté à Dachau.

On se demande bien ce qui serait advenu si Pétain n'avait pas pris la charge de la France quand on voit ces parlementaires se rejeter la responsabilité du vote d'investiture !

Le discours de Pétain le 11 juillet après les pleins pouvoirs.

Français,

l'Assemblée nationale m'a investi de pouvoirs étendus. J'ai à vous dire comment je les exercerai. Le Gouvernement doit faire face à une des situations les plus difficiles que la France ait connu, il lui faut rétablir les communications du pays, rendre chacun à son foyer, à son travail, assurer le ravitaillement. Il lui faut négocier et conclure la paix. En ces derniers jours, une épreuve nouvelle a été infligée à la France, l'Angleterre, rompant une longue alliance, a attaqué à l'improviste et a détruit des navires Français immobilisés dans nos ports et partiellement désarmés. Rien ne laissait prévoir une telle agression. Rien ne la justifiait. Le gouvernement Anglais a-t-il cru que nous accepterions de livrer à l'Allemagne et à l'Italie notre flotte de guerre ? S'il l'a cru, il s'est trompé, mais il s'est trompé aussi quand il a pensé que, cédant à la menace, nous manquerions aux engagements pris à l'égard de nos adversaires, ordre a été donné à la marine Française de se défendre et, malgré l'inégalité du combat, elle l'a exécuté avec résolution et vaillance.

La France, vaincue dans des combats héroïques, abandonné, hier, attaquée aujourd'hui par l'Angleterre, à qui elle avait consenti de si nombreux et durs sacrifices, demeure seule en face de son destin. Elle trouvera une raison nouvelle de tremper son courage en conservant toute sa foi dans son avenir. Pour accomplir la tâche immense qui nous incombe, j'ai besoin de votre confiance. Vos représentants me l'ont donnée en votre nom. Ils ont voulu, comme vous et comme moi-même, que l'impuissance de l'Etat cesse de paralyser la nation. J'ai constitué un nouveau gouvernement. Douze ministres se répartiront l'administration du pays. Ils seront assistés par des secrétaires généraux qui dirigeront les principaux services de l'Etat. Des gouverneurs seront placés à la tête des grandes provinces Françaises.

Ainsi, l'administration sera à la fois concentrée et décentralisée. Les fonctionnaires ne seront plus entravés dans leur action par des règlements trop étroits et par des contrôles trop nombreux. Ils seront plus libres, ils agiront plus vite, mais ils seront responsables de leurs fautes. Afin de régler plus aisément certaines questions dont la réalisation présente un caractère d'urgence, le Gouvernement se propose de siéger dans les territoires occupés. Nous avons demandé, à cet effet, au Gouvernement Allemand, de libérer Versailles et le quartier des Ministères à Paris.

Notre programme est de rendre à la France les forces qu'elle a perdues. Elle ne les retrouvera qu'en suivant les régies simples qui ont de tout temps assuré la vie, la santé et la prospérité des nations. Nous ferons une France organisée, où la discipline des subordonnés réponde à l'autorité des chefs, dans la justice pour tous. Dans tous les ordres, nous nous attacherons à créer des élites, à leur conférer le commandement, sans autre considération que celle de leurs capacités et de leurs mérites. Le travail des Français est là ressource suprême de la patrie. Il doit être sacré.

Le capitalisme international et le socialisme international qui l'ont exploité et dégradé font également partie de l'avant-guerre. Ils ont été d'autant plus funestes que, s'opposant l'un à l'autre, en apparence, ils se ménageaient l'un et l'autre en secret. Nous ne souffrirons plus leur ténébreuse alliance. Nous supprimerons les dissensions dans la cité. Nous ne les admettrons pas à l'intérieur des usines et des fermes. Pour notre société dévoyée, l'argent, trop souvent serviteur et instrument du mensonge, était un moyen de domination. Nous ne renonçons ni au moteur puissant qu'est le profit, ni aux réserves que l'épargne accumule. Mais la faveur ne distribuera plus de prébendes.

Le gain restera la récompense du labeur et du risque. Dans la France refaite, l'argent ne sera que le salaire de l'effort. Votre travail sera défendu. Votre famille aura le respect et la protection de la nation. La France rajeunie veut que l'enfant remplisse vos coeurs de l'espoir qui vivifie et non plus de la crainte qui dessèche. Elle vous rendra, pour son éducation et son avenir, la confiance que vous aviez perdue. Les familles Françaises restent les dépositaires d'un long passé d'honneur. Elles ont le devoir de maintenir à travers les générations les antiques vertus qui font les peuples forts. Les disciplines familiales seront sauvegardées.

Mais, nous le savons, la jeunesse moderne a besoin de vivre avec la jeunesse, de prendre sa force au grand air, dans une fraternité salubre qui la prépare au combat de la vie. Nous y veillerons. Ces vieilles traditions qu'il faut maintenir, ces jeunes ardeurs qui communieront dans un zèle nouveau, forment le fond de notre race. Tous les Français fiers de la France, la France fière de chaque Français, tel est l'ordre que nous voulons instaurer. Nous y consacrerons nos forces. Consacrez-y les vôtres. La patrie peut assurer, embellir et justifier nos vies fragiles et chétives. Donnons-nous à la France ! Elle a toujours porté son peuple à la grandeur».

9 - Le Régime de Vichy, qu'est-ce que c'est ?

C'est le nom qui définit le régime dictatorial lors de la passation du pouvoir au maréchal Pétain par les deux chambres, députés et sénateurs lors de la débâble de nos Armées en 1940.

Un gouvernement de la France occupée ayant accepté la collaboration avec l'Allemagne.

C'est ce qui me reste comme pour beaucoup d'entre nous en mémoire.

Pour préciser cette pensée, il faut rappeler l'histoire du début de la seconde guerre mondiale.

Lorsque débute cette guerre mondiale le 03 septembre 1939, j'avais un peu plus de 10 ans et je me souviens de notre naturalisation Française, d'origine Italienne, mon père décida de rester en France, mes parents y étaient depuis plus longtemps, et moi né, dans le Pas-de-Calais, donc Français, je fus aussi naturalisé. Ce fut donc un choix important d'autant plus que beaucoup d'italiens rentraient en Italie, et c'est sans difficulté que le gouvernement de l'époque représenté par le président de la **IIIème République Française** Albert Lebrun nous décréta Français.

Son gouvernement était composé d'Édouard Herriot comme président du Conseil et membre du parti radical.

Édouard Daladier du même parti, fût l'homme de Munich initiateur le 07 juin 1933 du «pacte à quatre», le pacte d'Entente et de collaboration, paraphé le 7 juin 1933 par les ambassadeurs de France, d'Allemagne, de Grande-Bretagne, et par l'Italie, destiné à maintenir la paix en Europe dans le cadre de la Société des Nations, remplacée par l'ONU après la guerre. Il fût aussi celui qui le 03 septembre 1939 suite à l'agression de la Pologne, par les nazis, la Grande-Bretagne puis la France déclarèrent la guerre à l'Allemagne en raison de l'invasion de la Pologne, après qu'en France, l'assentiment préalable des deux chambres, Parlement et Sénat votèrent unanimement les crédits militaires au Parlement le 02 septembre signifiant l'approbation.

Auparavant, les 29 et 30 septembre 1938, les accords de Munich furent signés entre l'Allemagne, la France, le Royaume-Uni et l'Italie représentés respectivement par Adolf Hitler, Édouard Daladier, Neville Chamberlin, et Benito Mussolini. Ces accords scellèrent la mort de la Tchécoslovaquie par l'invasion des Troupes allemandes de son territoire ce qui provoqua cette déclaration de guerre.

Édouard Daladier fût jugé lors de procès de Riom par le gouvernement de 1940 et emprisonné par l'État Français de 1940 à 1943.

Pierre Laval la personnalité la plus importante du régime de 1940 après le maréchal Philippe Pétain, fut le principal maître d'œuvre de la collaboration d'État avec l'Allemagne nazie. Il participa puissamment à la création de «l'État Français» en remplacement de la «République Française» comme suite de la défaite de juin 1940 et de la chute de la IIIème République.

Paul Reynaud, le plus isolé dans la IIIème République fut celui qui déclara en septembre 1939 «**nous vaincrons par ce que nous sommes les plus forts**».

Il fut nommé le 22 mars 1940 président du Conseil et ministre des affaires étrangères par Albert Lebrun. Après la percée de Sedan, le 15 mai, qui vit les Panzerdivisionnen prendre à revers les armées Franco-britanniques en Belgique, et il prit de suite conscience de la gravité de la situation et téléphona à Wiston Churchill pour lui dire que l'armée Française était battue.

Il reprit le portefeuille de la Guerre à Édouard Daladier et s'adjoignit le **maréchal Pétain 84 ans le 18 mai comme vice-président**, Georges Mandel, l'ancien chef de cabinet de Clemenceau, comme ministre de l'Intérieur, **et le général de Gaulle, pour lequel il eut grande estime, comme sous-secrétaire d'État à la Guerre et à la Défense nationale, le 6 juin.**

Le 10 juin, en prévision de l'entrée des Allemands à Paris, le gouvernement se réfugie à **Tours** puis à **Bordeaux**. L'affrontement entre les partisans de la continuation des combats, Mandel, de Gaulle, et les tenants d'un armistice, **Pétain, Weygand et Camille Chautemps**, tourna à leur avantage.

En mai 1940, la situation militaire fut si compromise que le commandant suprême, le général Maurice Gamelin, trop passif fut écarté au profit du général Weygand le 17 mai par Paul Reynaud, à la même date le maréchal Pétain entra au gouvernement. Les divisions blindées Allemandes, ayant percé depuis le 13 mai le front à Sedan, poursuivirent leur course à l'ouest en coupant l'Armée Française en deux, enfermant une partie de celle-ci ainsi que les troupes britanniques en Belgique.

Philippe Pétain maréchal de France en 1918, considéré comme le vainqueur de Verdun et comme le chef de l'armée qui jugula la crise du moral des mutineries de 1917, jouissait d'un grand prestige, fut plébiscité par les Français.

Il fut le créateur du slogan «travail famille patrie».

Dernier chef de gouvernement de la IIIème République, Albert Lebrun fut associé à l'Amistice du 22 juin 1940 scellant la défaite de la France contre l'Allemagne.

Le fondateur et chef de l'État du Régime de 1940, le maréchal Pétain engagea la Révolution nationale comme étant l'idéologie officielle de ce Régime, et la collaboration avec l'Allemagne nazie. Il dirigea la France sous l'occupation du 11 juillet 1940 au 19 août 1944. Ce Régime n'avait pas de Constitution.

La Constitution d'un État est à la fois l'acte politique à valeur juridique et la loi fondamentale qui unit et régit de manière organisée et hiérarchisée l'ensemble des rapports entre gouvernants et gouvernés au sein de cet État, en tant qu'unité d'espace géographique et humain.

La Constitution garantit aussi les droits et les libertés de la communauté humaine.

Les réfugiés qui fuirent la Belgique et le Nord de la France furent alors rejoints par 2 millions de réfugiés de la région parisienne, «nous y étions». Pour Jean-Pierre Azéma, entre le 15 mai et le 10 juin, au moins 6 millions de Français abandonnèrent leur domicile et participèrent à l'exode de 1940, et se retrouvèrent sur les routes sous la mitraille de la Luftwaffe et des avions italiens.

La bataille de France fut perdue, en dépit de la résistance farouche et héroïque de nombreuses unités, comme pendant la bataille d'Amiens du 24 mai au 9 juin 1940, «les 16ème et 24ème forces Françaises stoppèrent plus de 3 Panzerkorps pendant 9 jours et causèrent la perte de 196 panzers».

Dans cette débâcle, les soldats perdus que nous rencontrèrent pendant cet exode n'avaient même pas de cartouches. Nous sommes partis en guerre la fleur au fusil avec nos chevaux face aux panzers Allemands.

Le 14 juin les blindés Allemands entrèrent à Paris déclaré ville ouverte.

Le gouvernement constitué à Bordeaux le 17 juin et le parlement s'installèrent à Vichy le 1er juillet, ville disposant de grandes capacités hôtelières pour pouvoir contrôler une partie de la zone libre. Sa relative proximité avec Paris, 4 h 30 par l'autorail, et la deuxième capacité hôtelière du pays présente dans la ville emportèrent la décision pour l'installation du gouvernement. De plus, l'existence d'un central téléphonique très moderne, l'hôtel des postes, construit en 1935, permettait de joindre le monde entier.

Le gouvernement prit possession de très nombreux hôtels. 600 parlementaires, députés et sénateurs, rejoignirent Vichy pour la réunion des deux Chambres. Les 9 et 10 juillet 1940, dans la salle de l'opéra, les parlementaires votèrent la fin de la troisième République. Le régime républicain fut aboli, l'État avec à sa tête Philippe Pétain, le remplaça.

Le mercredi 10 juillet 1940 fut soumise à l'Assemblée nationale et au Sénat, une proposition de révision de la Constitution permettant d'accorder les pleins pouvoirs au maréchal Pétain président du Conseil.

Sur 649 suffrages exprimés,
80 parlementaires (53députés et 23 sénateurs votèrent contre),
569 approuvèrent,
20 autres parlementaires s'abstinrent dont 3 après une rectification de leur vote.

Le 10 juillet 1940, le parlement comptait 846 membres. 176 parlementaires furent absents dont 27 étaient en mer vers Casablanca sur le paquebot Massilia. La séance fut présidée par Jules Jeanneney, qui ne prit pas part au vote en raison de sa fonction. Les 61 parlementaires communistes, 60 députés et un sénateur ne purent siéger, depuis le 16 janvier 1940, accusés d'obédience à Moscou, ils étaient déchus de leur mandat et condamnés à la clandestinité.

Les 649 suffrages exprimés représentèrent donc 71,5 % des 907 parlementaires que comptaient les deux chambres au début de 1940. Les 80 parlementaires qui votèrent « non » n'ont représenté que 12,3 % des votants

Le gouvernement à Vichy fut donc un gouvernement légalement constitué, qui fut ensuite définit par «Régime de Vichy» par le fait même qu'il n'avait pas de Constitution et que ses actions étaient collaborationnistes, autoritaires et criminelles.

La chambre des députés et le sénat ne furent plus réunis. Les syndicats furent dissous, la grève fut interdite et les communistes furent pourchassés. En 1942, le procès de Riom jugea les hommes considérés responsables de la défaite, Léon Blum, Daladier, le général Gamelin. Aucun verdict ne fut rendu, **mais les accusés furent livrés aux Allemands. Le régime fut exclusif** et dans les exclus se trouvèrent des juifs, **révocation de la fonction publique, persécutions**..., alors qu'il n'y eut pas de pression allemande contre eux avant 1942.

76.000 juifs de France furent morts en déportation.

En juillet 1940, Pierre Laval devint vice-président du Conseil, **et l'État mena une politique de collaboration avec les Allemands**, mots utilisés par Pétain après l'entrevue de Montoire avec Hitler le 24 octobre 1940 à la gare de Montoire.

Elle fut préparée par la rencontre de Pierre Laval avec l'ambassadeur d'Allemagne Otto Abetz, puis avec Hitler et Ribbentrop, deux jours auparavant au même endroit, elle devait poser les bases d'un dialogue entre la puissance occupante et le gouvernement de Vichy. Il faut rappeler qu'aucun engagement de collaboration fut prit, au contraire elle empêcha Hitler de conclure des accords avec Franco pour passer en Espagne afin d'envahir l'Afrique du Nord, les Allemands ne pouvant assurer le contrôle de la France et envahir l'Afrique du Nord tout en combattant l'armée soviétique à l'Est, ce qui fit perdre du temps à l'Allemagne.

Deux thèses expliquent cette collaboration, pour certains il s'agissait de sauver l'essentiel, **pour d'autres ce fut une politique délibérée de l'État.** Pour Pierre Laval ce fut **«je souhaite la victoire Allemande, parce que, sans elle, le bolchevisme, demain, s'installerait partout».**

La collaboration fut d'abord économique, livraison de denrées alimentaires à l'Allemagne et fabrication de matériel militaire par Renault. A partir de 1943, le STO, Service de Travail Obligatoire, créé par Laval sous la pression des allemands, il est vrai, permit à l'Allemagne de bénéficier d'une main-d'œuvre qualifiée par l'envoi de travailleurs. La collaboration fut aussi militaire avec la création de la LVF, Légion des Volontaires Français, dont les hommes endossèrent l'uniforme allemand pour se battre sur le front de l'Est. En 1943, **Darnand chef de la milice,** collaborateur et lieutenant de la Waffen SS qui prêta serment à Hitler, et qui fut fusillé au fort de Chatillon, créa la Milice qui épaula les troupes Allemandes en France contre la résistance. La collaboration fut enfin idéologique, de nombreux intellectuels adhérèrent aux thèses fascistes et/ou nazies. En 1942, la politique de collaboration s'intensifia, ce qui n'empêcha pas Hitler d'occuper la France du Sud après le débarquement en Afrique du Nord en novembre 1942.

La question que l'on doit se poser, est donc la suivante,

on utilise deux expressions pour définir l'action des dirigeants à Vichy, **gouvernement de Vichy et Régime de Vichy.**

À mon avis les deux sont applicables, la première par ce que le terme de gouvernement est celui d'un **gouvernement légalement constitué par le vote des deux chambres**, la seconde par ce qu'il est devenu un **Régime sous contrôle Allemand contre la résistance asservissant les Français aux Allemands, mais Vichy n'a rien à voir !**

On ne peut considérer ce Régime comme représentant le peuple Français.

En d'autres termes ce sont des hommes nantis d'un pouvoir par leur collaboration qui définirent ce régime, ils ont trahis l'honneur d'être Français.

Les Vichyssois portent ce fardeau depuis 1940, et que les jeunes qui n'ont pas connu cette période pourraient être tenus d'assimiler leur ville aux actions de ce Régime, ce qui serait une erreur, elle n'y est pour rien. Bien au contraire, c'est par ce qu'elle avait beaucoup d'atouts qui définissaient sa qualité de vie qu'elle fut choisie.

Pour lever cette tache, il serait souhaitable de modifier l'appellation Régime de vichy en **Régime de 1940**, c'est plus simple et plus propre, mais toutes les suggestions sont permises.

Les articles de cette annexe sont ceux qui furent publiés dans mon blog, ils sont remaniés et complétés pour une meilleure compréhension. Le fait qu'il y ait redondance sur certains sujets s'explique par le fait qu'ils furent publiés en tant qu'articles à des dates différentes.

Annexe 2.

(1) Messali Hadj, http://fr.wikipedia.org/wiki/Messali_Hadj.

(2)   Putsch   des   Généraux,
http://fr.wikipedia.org/wiki/Putsch_des_G%C3%A9n%C3%A9raux

(3)   Référendum   sur   l'autodétermination   en   Algérie
http://fr.wikipedia.org/wiki/R%C3%A9f%C3%A9rendum_sur_l%27autod%C3%A9t
ermination_en_Alg%C3%A9rie

(4) Maurice Papon http://fr.wikipedia.org/wiki/Maurice_Papon

(5) Quartier de la Goutte d'Or http://fr.wikipedia.org/wiki/Quartier_de_la_Goutte-
d%27Or

(6)   http://socio13.wordpress.com/2008/10/17/le-17-octobre-1961-le-massacre-des-
travailleurs-algeriens-a-paris/

(7) Rebeyllion.info http://rebellyon.info/Le-massacre-du-17-octobre-1961-a.html

(8) Jules Siegfried http://fr.wikipedia.org/wiki/Jules_Siegfried

(9)   Jean   de   La   Bruyère
http://books.google.fr/books?id=5maDHUQkqEEC&pg=PA24&lpg=PA24&dq=La+
modestie+est+au+m%C3%A9rite+ce+que+les+ombres+sont+aux+figures+dans+un+
tableau,+elle+lui+donne+force+et+relief&source=bl&ots=tzqzLPIZ6I&sig=SBCIUIj
xtyHKobzDbj2rle7UR-
Q&hl=fr&sa=X&ei=vhfEUsTPJ8yU0QXcxIC4DQ&ved=0CFgQ6AEwBA#v=onepa
ge&q=La%20modestie%20est%20au%20m%C3%A9rite%20ce%20que%20les%20o
mbres%20sont%20aux%20figures%20dans%20un%20tableau%2C%20elle%20lui%
20donne%20force%20et%20relief&f=false

(10) Léon Blum http://fr.wikipedia.org/wiki/L%C3%A9on_Blum
(11)   Laurs
http://fr.wikipedia.org/wiki/Ligue_d%27action_universitaire_r%C3%A9publicaine_e
t_socialiste

(12)   La   banque   internationnale   http://www.mendes-france.fr/espace-
pedagogique/biographie-commentee-de-pmf/

(13) Jeunes Turcs http://fr.wikipedia.org/wiki/Jeunes_Turcs_%28France%29

(14) Pierre Cot http://fr.wikipedia.org/wiki/Pierre_Cot

(15) Jean Zay http://fr.wikipedia.org/wiki/Jean_Zay

(16) Édouard Herriot http://fr.wikipedia.org/wiki/%C3%89douard_Herriot

(17) Massilia http://fr.wikipedia.org/wiki/Massilia_%28Paquebot%29

(18) La Bataille de Diên Biên Phu http://fr.wikipedia.org/wiki/Bataille_de_%C4%90i%E1%BB%87n_Bi%C3%AAn_Ph%E1%BB%A7

(19) Discours du président de la République http://www.elysee.fr/chronologie/#e3660,2013-06-11,ceremonie-nationale-d-hommage-a-pierre-mauroy-ancien-premier-ministre

(20) Marie-Noëlle Lienemann http://fr.wikipedia.org/wiki/Marie-No%C3%ABlle_Lienemann

(21) Henri Emmanuelli http://fr.wikipedia.org/wiki/Henri_Emmanuelli

(22) Allocation chômage http://www.arbeitsagentur.de/nn_426514/FR/Navigation/zentral/Leistungen/Arbeitslosengeld-II/Arbeitslosengeld-II-Nav.html

(23) Réformes Hartz http://fr.wikipedia.org/wiki/R%C3%A9formes_Hartz

(24) Paul Ramadier http://fr.wikipedia.org/wiki/Paul_Ramadier

(25) René Pleven http://fr.wikipedia.org/wiki/Gouvernement_Ren%C3%A9_Pleven_%281%29

(26) Henri Queuille http://fr.wikipedia.org/wiki/Gouvernement_Henri_Queuille_%283%29

(27) La crise du Canal de Suez http://fr.wikipedia.org/wiki/Crise_du_canal_de_Suez

(28) Le protocole ou complot de Sèvres http://fr.wikipedia.org/wiki/Protocole_de_S%C3%A8vres

(29) Anthony Eden http://fr.wikipedia.org/wiki/Anthony_Eden

(30) L'affaire de fuites http://fr.wikipedia.org/wiki/L%27Affaire_des_fuites

(31) L'affaire de l'Observatoire http://fr.wikipedia.org/wiki/Attentat_de_l%27Observatoire

(32) On n'en est plus sûr http://laplumeetlerouleau.over-blog.com/article-1959-observons-francois-mitterrand--40514922.html

(33) L'Algérie c'est la France http://fr.wikipedia.org/wiki/Fran%C3%A7ois_Mitterrand

(34) Les guillotinés de Mitterrand http://forums.voila.fr/messages/index/44527/rentree-scolaire-les-guillotines-de-mitterrand.html

(35) Mitterrand a légalisé la torture http://www.afriblog.com/blog.asp?code=bousselham&no_msg=3973

(36) Le temps des léopards http://www.bibliopoche.com/livre/La-guerre-d-Algerie-Tome-II--Le-temps-des-leopards/52043.html

(37) Gaston Defferre http://fr.wikipedia.org/wiki/Gaston_Defferre

(38) Robert Lacoste http://fr.wikipedia.org/wiki/Robert_Lacoste

(39) Le cabinet Pflimlin http://fr.wikipedia.org/wiki/Gouvernement_Pierre_Pflimlin

(40) Cartel des noms http://www.liberation.fr/tribune/2008/05/29/institutions-le-cartel-des-non_72826

(41) Paul Reynaud http://fr.wikipedia.org/wiki/Paul_Reynaud

(42) Georges Mandel http://fr.wikipedia.org/wiki/Georges_Mandel

(43) Mérignac le départ du général de Gaullehttp://www.ffi33.org/depart.htm

(44) Général Hering http://www.generalhering.org/index.php/Appreciations-sur-le-general-Hering/Portrait-du-General-par-Andre-Lichtenberger-paru-dans-la-Revue-des-Deux-Mondes.html

(45) Général Dentz http://fr.wikipedia.org/wiki/Henri_Dentz

(46) Paul Baudouin http://fr.wikipedia.org/wiki/Paul_Baudouin

(47) Von Kuchler http://fr.wikipedia.org/wiki/Georg_von_K%C3%BCchler

(48) Réduit breton http://www.letelegramme.fr/ig/generales/regions/morbihan/l-hypothetique-reduit-breton-17-06-2010-958456.php

(49) La vie exemplaire de Philippe Pétain http://www.generalhering.org/vie-exemplaire-philippe-petain/#/0

(50) L'appel du 18 juin http://fr.wikipedia.org/wiki/Appel_du_18_juin_1940

(51) Résident général Noguès http://fr.wikipedia.org/wiki/Charles_Nogu%C3%A8s

(52) Amiral Darlan http://fr.wikipedia.org/wiki/Fran%C3%A7ois_Darlan

(53) Procès de Riom http://fr.wikipedia.org/wiki/Proc%C3%A8s_de_Riom

(54) Fort du Portalet http://fr.wikipedia.org/wiki/Fort_du_Portalet

(56) Jean Monnet http://fr.wikipedia.org/wiki/Jean_Monnet

(57) L'Assemblée nationale http://www.assemblee-nationale.fr/histoire/cr_10-juillet-1940.asp

(58) Jules Jeanneney http://fr.wikipedia.org/wiki/Jules_Jeanneney

(59)   Les   lois   Constitutionnelles   de   1875
http://fr.wikipedia.org/wiki/Lois_constitutionnelles_de_1875

(60)   Troisième   république
http://fr.wikipedia.org/wiki/Troisi%C3%A8me_R%C3%A9publique

(61)   La   nouvelle   Constitution
http://fr.wikisource.org/wiki/Projet_de_constitution_du_30_janvier_1944

(62)   La   loi   Constitutionnelle
http://fr.wikipedia.org/wiki/Loi_constitutionnelle_du_10_juillet_1940

(63) Réponse à Charles de Gaulle http://www.generalhering.org/reponse-a-charles-de-gaulle/#/0

(64) Charles Maurras http://fr.wikipedia.org/wiki/Charles_Maurras

(65) La crise de Munichhttp://fr.wikipedia.org/wiki/Accords_de_Munich

(66)   L'armée   de   métier   http://www.charles-de-gaulle.org/pages/l-homme/accueil/oeuvres/vers-l-armee-de-metier/un-livre-capital.php

(67) Michel Debré http://fr.wikipedia.org/wiki/Michel_Debr%C3%A9

(68)   Le   coup   d'Etat   permanent
http://fr.wikipedia.org/wiki/Le_Coup_d%27%C3%89tat_permanent

(69) La Francisque http://fr.wikipedia.org/wiki/Ordre_de_la_Francisque

(70)   L'attentat   de   l'Observatoire
http://fr.wikipedia.org/wiki/Attentat_de_l%27Observatoire

(71) L'affaire du bazooka http://fr.wikipedia.org/wiki/Affaire_du_Bazooka

(72) La Fédération de la gauche sociale et démocratique http://fr.wikipedia.org/wiki/F%C3%A9d%C3%A9ration_de_la_gauche_d%C3%A9 mocrate_et_socialiste

(73) Mai 68 http://anidom.blog.lemonde.fr/category/mai-68/

(74) Les accords de Grenelle http://fr.wikipedia.org/wiki/Accords_de_Grenelle

(75) La Convention des institutions républicaines http://fr.wikipedia.org/wiki/Convention_des_institutions_r%C3%A9publicaines

(76) Le CERES http://fr.wikipedia.org/wiki/Centre_d%27%C3%A9tudes,_de_recherches_et_d%27% C3%A9ducation_socialiste

(77) Le traité de Maastricht http://fr.wikipedia.org/wiki/R%C3%A9f%C3%A9rendum_fran%C3%A7ais_sur_le_t rait%C3%A9_de_Maastricht

(78) http://www.de-gaulle.info/chateaujobert.shtml

(79) Le miracle allemand à quel prix ? http://fr.myeurop.info/dossier/le-miracle-allemand-a-quel-prix

(80) François Mitterrand et l'Algérie ombres et lumières, http://alger-roi.fr/Alger/alger_son_histoire/pages_liees/mitterand_algerie_ombres_lumieres_pn65 .htm

(81) François Mitterrand dans la nostalgie du dernier monarque, http://www.lesechos.fr/06/01/2006/LesEchos/19578-64-ECH_mitterrand--la-nostalgie-du-dernier-monarque.htm

(82) Les 110 propositions, http://www.lours.org/default.asp?pid=307

(83) Suicide de Pierre Bérégovoy, http://fr.wikipedia.org/wiki/Pierre_B%C3%A9r%C3%A9govoy

(84) Affaire du sang contaminé, http://fr.wikipedia.org/wiki/Affaire_du_sang_contamin%C3%A9

Table des matières.

Préface   2

Avant propos   6

1 – Préambule.   10

2 – Monsieur René Coty.   11

2.1 Les grandes dates de René Coty.   14

3 – Pierre Mendès-France.   16

3.1 Les grandes dates de Pierre Mendès-France.   19

4 – Guy Mollet.   21

4.1 Les grandes dates de Guy Mollet.   26

5- Le général de Gaulle.   28

5.1 Les grandes dates du général de Gaulle.   35

6 – François Mitterrand.   37

6.1 Les grandes dates de François Mitterrand.   47

7- Commentaires.   49

Annexe 1.   54

1 - Le 17 octobre 1961, ou l'histoire d'un massacre à Paris,   55

2 – Pierre Mauroy.   60

3 - Martine Aubry face à la réalité.   66

4 – Jean-Luc Mélenchon à des paroles et des actes le 12/01/12.   69

5 – La misère de Merkel pire que celle de Sarkozy,

 sinon au moins égale.   73

6 – François Mitterrand et ses heures noires.   78

7 – Philippe Pétain maréchal de France.   84

8 – Philippe Pétain maréchal de France,

ses heures noires de 1940 à 1944.   92

9 – Le Régime de Vichy qu'est-ce que c'est ?   100

Annexe 2.   105

www.ingramcontent.com/pod-product-compliance
Lightning Source LLC
Chambersburg PA
CBHW020357270326
41926CB00007B/479